La Revolución
EMDR

La Revolución EMDR
Cambie su vida procesando sus recuerdos de uno en uno

La Guía del Cliente

Tal Croitoru

Título: **La Revolución EMDR:** *Cambie su vida procesando sus recuerdos de uno en uno*

©2014 Tal Croitoru

ISBN-13: 978-1941727010 (TraumaClinic Edições)
ISBN-10: 1941727018

Portada: Claudio Ferreira da Silva
Lay-out: Marcella Fialho e Esly Carvalho
Traducción al castellano: María Cervera

Índice

Introducción

- ¿Ha estado experimentado sentimientos negativos durante un tiempo considerable, o está experimentando sentimientos negativos como resultado de una crisis o de un suceso traumático que parece no remitir por sus propios medios?
- ¿Siente que tiene obstáculos internos que previenen o inhiben su forma de avanzar y de sobreponerse aunque en teoría usted sabe lo que necesita hacerse?
- ¿Ha notado que muestra unos patrones de conducta que le dificultan en su vida personal y profesional y que conocerlos solamente no le previene de repetirlos?
- ¿Tiene sentimientos desagradables, miedos o preocupaciones que le impiden hablar delante de una audiencia, le causa malestar ser el centro de atención, y esto le bloquea el progreso en su vida personal y profesional?

La buena noticia es que estas condiciones pueden cambiar.

¿Quiere mejores noticias? Gracias a una nueva forma de psicoterapia que se llama Desensibilización y Reprocesamiento por el Movimiento de Ojos (EMDR), la capacidad de cambio es más rápida de lo que nunca se ha pensado posible.

Por ejemplo: sabía usted que:
- EMDR es un tratamiento psicoterapéutico con unos resultados sorprendentes desde las primeras semanas en casos donde otros métodos tardan meses o años en ser efectivos.
- Muchos estudios confirman la efectividad y el éxito de este método en unas cuantas sesiones terapéuticas.
- Millones de personas han sido tratadas con éxito por este método.

Dentro de *La Revolución del EMDR* usted encontrará información importante que necesitará cuando siente malestar o inhibición, como un camino para elegir la ayuda apropiada.

De las historias personales contenidas en el libro aprenderá mucho sobre usted — lo que le afecta, lo que le motiva, y lo que le limita. Se merece una vida mejor. EMDR puede ayudarle a sanar su vida, una memoria cada vez, y vivir la vida que le corresponde.

"Desde el divorcio traumático de mis padres cuando tenía 11 años, había estado yendo a terapia psicológica clásica para ayudarme a afrontar tanto la vida cotidiana como las dificultades de mi niñez. A los 26 años, estaba agotada de años de terapia que verdaderamente no habían contribuido mucho a mejorar mi bienestar, especialmente en relación con la cantidad de tiempo, dinero, y esfuerzo que había invertido. Podía sentarme en una sesión de terapia y hablar sobre recuerdos de mi niñez de los que había hablado en 20 ocasiones anteriormente, y volvía a experimentar la misma pena que siempre había experimentado. Había llorado múltiples veces a mis terapeutas, mis amigos, mi familia - y sin embargo, nada de la pena o del trauma habían disminuido.

En ese momento fue cuando solicité tratamiento EMDR para darme una última oportunidad de recibir ayuda que necesitaba desesperadamente. Estaba buscando algo que finalmente funcionara y no desperdiciar más años para conseguirlo. Desde antes de acudir a mi primera sesión, dejé claro que estaba buscando algo que me ayudara en un periodo corto de tiempo: ya había desperdiciado 15 años de terapia y no quería invertir mucho más tiempo.

Obtuve más del EMDR de lo que podía imaginar. El trabajo fue intenso, pero desde el primer momento noté los efectos del mismo. Esto me hizo desear con ilusión las intensas sesiones: sabía que iba a doler, pero luego el dolor se iría y me encontraría curada.

Por primera vez en mi vida, por fin sentí que la terapia era efectiva y que había finalmente superado el trauma que me había acompañado la mayor parte de mi vida.

Cuando lo deseo, puedo hablar sobre mi niñez - pero ahora, no vuelvo a revivir el dolor que lo acompañaba. También me siento más conectada a mí misma y a los miembros de mi familia desde que he podido dejar ir el dolor y el miedo que me habían impedido hacerlo antes en el pasado".

Prólogo

"¿Cómo es que no he oido hablar de esto antes?"

Antes de oír hablar del EMDR, era una trabajadora social, trabajando en práctica privada, tratando a clientes que tenían una crisis o malestar emocional. Creía que estaba haciendo un buen trabajo — mis clientes se sentían relativamente felices, experimentaban cambios, y me recomendaban a otros. ¿Qué más podías esperar?

Y entonces, una mujer joven, en un estado grave, llego a mí después de un suceso traumático. Se sentía extremadamente sobrepasada y sufría tanto que le sugerí que considerara acudir a un psiquiatra para ser tratada con antidepresivos y ansiolíticos. Había tratado a clientes en estas condiciones antes, pero siempre con tratamiento farmacológico. Sin embargo, y debido a las creencias religiosas del cliente, que tenía miedo de que el tratamiento psiquiátrico podría impedir un matrimonio concertado en el futuro, se negó rotundamente.

Consulté con un terapeuta más experimentado que me dijo que si este era el caso, debería acompañarla en su dolor. No acepté este consejo. Si yo estuviera en el otro lado, no me gustaría que alguien me acompañara solamente en mi dolor, de la misma manera que si tuviera dolores de espalda no me gustaría que mi médico me acompañara en mi dolor. Creo que como terapeutas debemos luchar por conseguir más.

Durante mi búsqueda de nuevas ideas, me encontré con un libro en la librería que se llamaba, *"El Instinto de Curar: Curar la Depresión, la Ansiedad y el Estrés sin Drogas y sin Terapia Hablada"*, escrito por el psiquiatra francés, el Dr. David Servan-Schreiber. Me sentí inmediatamente atraída por el título porque nunca había conectado profesionalmente con el método de terapia "freudiana", y "sin drogas" era exactamente lo que mi cliente quería; fui rápidamente a comprar y leer el libro. Dos capítulos del libro se referían a un método terapéutico llamado EMDR o Desensibilización y Reprocesamiento por el Movimiento de Ojos. Era un método del que nunca había oído hablar; ni en la universidad ni en ningún momento de mi formación en salud mental, ni en el hospital psiquiátrico, ni en la clínica de salud mental. Lo que leí era tan sorprendente que literalmente hizo que se me quedara la boca abierta.

En el libro el Dr. David Servan-Schreiber escribe sobre su propio escepticismo cuando oyó por primera vez hablar de método EMDR, y menciona los estudios que leyó que disolvieron su escepticismo.

Un estudio publicado en una de las más prestigiosas revistas de Psicología Clínica, estaba focalizado en 80 pacientes con un trauma mental severo, que fueron tratados con EMDR en tres sesiones de 90 minutos. Este grupo de pacientes experimentó un éxito del 80% y no volvieron a sentir los síntomas del trastorno de estrés post-traumático (TEPT).

Sólo tres sesiones. ¡Tres!

¿Cómo fue posible que esto pudiera ocurrir en tres sesiones y no en tres años de sesiones? De acuerdo con lo que me han enseñado, y lo que he experimentado en la clínica de salud mental donde fui entrenada en el pasado, el TEPT se considera una enfermedad crónica y continuada en el tiempo. Personas con TEPT permanecían en tratamiento por 6, 7 e incluso 10 años sin muchos cambios; ¿cómo podía ocurrir un cambio en tres sesiones cuando en 10 años no había habido ningún cambio?

Además, el Dr. David Servan-Schreiber decía que los sujetos de la investigación fueron entrevistados 15 meses después para ver si los resultados se mantenían, y se encontró que no solamente se mantenían, sino que los pacientes habían mejorado. Escribió que a pesar de su formación psicoanalítica, los resultados que observaba le convencieron para aprender a tratar con EMDR. Después de utilizar el método, concluyó que no podía ignorar por más tiempo lo que vio una y otra vez en sus clientes.

Del mismo modo, yo sentía que debía buscar más, más — sobre lo que era y cómo podía funcionar — porque basado en lo que había aprendido anteriormente, parecía demasiado bonito para ser verdad. Se me ocurrió que quizás el problema estaba en lo que me habían enseñado y no en lo que había descubierto. Me apresuré a obtener más información, y fui a escuchar a un psicólogo israelita que había participado en misiones humanitarias para tratar a mujeres congolesas. A estas mujeres las habían violado soldados de tribus rivales. Con sus cuerpos mutilados y destrozados, sus familias y tribus les habían rechazado.

La misión duró unas cuantas semanas y los psicólogos volvieron con datos y vídeos de estas mujeres, documentando el tratamiento antes y después de EMDR.

Dejé la conferencia diciéndome a mí misma, "Si esto ayuda a las mujeres congolesas que están en estado tan grave, yo tengo que aprender esto también; mis clientes se encuentran en un estado más leve, así que les va ayudar más rápidamente".

Empecé a estudiar EMDR y a aprender más y más. Desde entonces, he hecho que EMDR sea mi forma de trabajar. He estudiado muchas de las investigaciones que prueban la efectividad del tratamiento con EMDR. Cuanto más usaba EMDR, más veía la prueba de sus efectos positivos, primero en mi propia clínica y después en la cadena de clínicas a nivel nacional.

Vi a más y más gente. Al principio yo era un "refugio" para personas que habían abandonado la psicoterapia tradicional porque no habían, o casi no habían, sentido que les ayudaba, después de 3, 6 o incluso 7 años. Para la mayoría que utilizaron EMDR, su enfermedad mejoró en unas pocas sesiones, el tratamiento finalizó sintiéndose satisfechos en un periodo entre unas semanas y unos meses.

Como pensaba, lo que funcionaba muy rápidamente para eventos traumáticos en los que la vida peligraba, también funcionaba igual de rápidamente para eventos no tan graves.

También leí un estudio que encontró que los eventos que no ponía en peligro la vida como un divorcio o la pérdida del trabajo, por ejemplo, podían generar también síntomas postraumáticos, igual o incluso mayores que los eventos en los que la vida peligraba. También cómo mis colegas en EE.UU y Europa que han estado utilizando EMDR durante más de 20 años. Comencé a ofrecer terapia EMDR para una amplia gama de problemas como ansiedad y otros síntomas y no sólo para TEPT. Por ejemplo: crisis vitales (divorcio, engaño, pérdida de trabajo), mejorar el desempeño laboral, ansiedad ante los exámenes, e incluso mejoras en el desempeño atlético o mejora en las interpretaciones de los músicos. El capítulo 2 detalla cómo se trabaja con EMDR. En él se verá cómo un músico con miedo escénico y un hombre que encontró a su mujer con otro pueden ser ayudados de la misma manera.

Algunos de mis clientes continuaron en terapia después de que el problema inicial que les trajo a terapia se había resuelto, para poder trabajar en otros aspectos de su vida. En cada caso, solamente unas cuantas semanas fueron necesarias para tratar otros bloqueos. En algunos, pudimos tratarlos de tal manera que sus vidas cambiaron completamente; comenzando con la crisis inicial que fue resuelta de la mejor manera posible, cambiando y mejorando dramáticamente aspectos ocupacionales de su vida, y, finalmente, la estructura más amplia de su personalidad, e incluso instalando y ejercitando habilidades nuevas.

Más tarde, mientras trabajamos con el Ministerio de Asuntos Exteriores de Israel, los diplomáticos y sus familias que habían experimentado situaciones traumáticas fueron derivados y tratados por mí en Israel. Estos diplomáticos generalmente tardaban dos o tres semanas en finalizar la terapia y marchaban sin los síntomas de TEPT con los que habían acudido. Como dice el dicho "no hay nada como esto". Más de una vez, cuando hablo con los colegas, generalmente de otros países y también de Israel, escucho dinámicas similares de mejoras considerables y rápidas.

Algunos de ellos reciben financiación de las compañías aseguradoras para 10 sesiones solamente, otros para cuatro, y aún así se han visto mejoras tan dramáticas y tantos progresos que no se habían visto en otros tratamientos que duran varios años.

La pregunta más repetida que me hacen es, "¿cómo es que nunca he oído hablar de este método antes?" Y eso me parte el corazón. Como un cliente que me lo dijo después de 15 años de terapia con una serie de terapeutas y diversos métodos que no lo habían ayudado lo suficiente. Otro cliente, una terapeuta, se preguntaba qué es lo que había estado haciendo con sus propios clientes todos estos años cuando a ella sólo le llevó cuatro sesiones resolver su problema. Hay otras personas que arrastran sus problemas durante muchos años; que no continúan su tratamiento porque no quieren pagar tanto dinero, ni perder tanto tiempo, y no pueden comprender cómo un extraño que les escucha durante menos de una hora a la semana puede mejorar su situación (Y tienen toda la razón. Ver capítulo 6, que trata sobre mi propia filosofía sobre la terapia).

La mayoría de las personas no han oído hablar de EMDR porque este método fue desarrollado en los años 80 (1987 para ser exactos), y generalmente pasan muchos años para que un tratamiento psicológico sea conocido por el gran público.

En EE.UU, EMDR se utilizó después de las bombas en la ciudad de Oklahoma, la masacre de Columbine, y el ataque a las Torres Gemelas del 11 de septiembre del 2001. Este método se ha utilizado para tratar a víctimas de desastres naturales en varias partes del mundo (como huracanes y tsunamis).

Además, EMDR se ha usado cada vez más en otros campos como la adicción a drogas.

Desde 1990, hay estudios del éxito de EMDR en el tratamiento de la ansiedad por los exámenes y para mejorar el desempeño en el deporte.

En el sector público como los hospitales y las clínicas de salud mental, el uso de EMDR se centra en aquello para lo que fue desarrollado en su inicio: el estrés post traumático.

Según han pasado los años, y el nivel de demanda de EMDR va aumentado, he llegado a la conclusión que ahora es el momento adecuado para crear una visión más amplia — hacer una contribución para cambiar la forma en la que la psicoterapia se hace en mi país y más allá — e informar al público en general sobre EMDR, que hace ya muchos años ha demostrado que ayuda a resolver una gran variedad de crisis y sufrimientos, desde patrones de comportamiento inhibitorios por un lado, a erradicar obstáculos internos y mejorar los éxitos por otro.

En el 2011 di el primer paso para extender esta terapia — establecer una red nacional de clínicas EMDR en mi país.

Este libro es el segundo paso en mi visión — acercar información importante sobre EMDR al público en general y romper los mitos más comunes sobre la psicoterapia.

Este libro incluye estudio de casos y ejemplos. Algunos detalles se han alterado para mantener la privacidad y confidencialidad de mis clientes. Sin embargo, otros detalles, incluyendo la duración del proceso, son verdaderos.

Estaba pasando por un período muy duro en mi vida personal.

Era una madre primeriza, pero en vez de encontrarme feliz y disfrutar del bebé, como siempre había imaginado que sería, me sentía irritada con él todo el tiempo. Estaba enfadada, gritaba y me impacientaba. Lloraba todo el tiempo y las situaciones de la vida diaria me parecían obstáculos insuperables. No podía enfrentarme con ningún reto. No tenía energía ni siquiera para tratar con mi marido, y me sentía muy impaciente con él. Discutía y explotaba de manera agresiva contra él llorando a intervalos regulares. Esto iba acompañado de sentimientos de culpa, especialmente referidos a mi hijo que tenía que soportar esta madre tan mala. El único sitio donde podía mantenerme con algo de sensatez era en el trabajo, pero suponía demasiado gasto de energía y me sentía agotada.

En la primera sesión con Tal le conté mi historia. Aparecía cansada y exhausta, y me pregunté por qué necesitaba hacer esto. En la segunda sesión empezamos a trabajar. Alcancé importantes conocimientos sobre mí misma. Después de la sesión, estuve probándome a mí misma: ¿Seguro que creo esto sobre mi misma? ¿Es el cambio real, desde adentro? Las respuestas eran siempre sí.

Empecé a notar los cambios en casa — mi paciencia poco a poco mejoró. Era capaz de disfrutar de mi hijo y me sentía mucho más competente. En la tercera sesión continuamos con nuestro trabajo, empecé a trabajar sobre varios recuerdos e incidentes en una sesión, y después simplemente sentí que había vuelto a mi yo verdadero.

Lo primero que desapareció fue el sentimiento de culpa. Sentía como si hubiera liberado 20 kilos de peso . Me sentía más viva y capaz de disfrutar de nuevo de las cosas simples de la vida, desde la sonrisa de mi hijo, al abrazo de mi marido. Incluso mi marido notó el cambio y sintió que su mujer había vuelto por fin a ser la misma. Principalmente me sentí completa conmigo misma y con quien yo era, con el tipo de madre y esposa que era, y con todo lo que hacía.

Después de la tercera sesión, Tal y yo tuvimos que parar por las vacaciones, pero ya sabía que había conseguido mi meta, Y sabía que volvería para la cuarta sesión a darle las gracias a Tal por cambiar mi vida y por hacerme volver a ser quien yo era.

Es difícil describir en palabras cómo un cambio tan profundo puede suceder con sólo unas cuantas sesiones de terapia. Parece irreal, pero es cierto. Yo recomiendo el tratamiento EMDR para cualquiera que experimente dificultades. Como terapeuta yo misma, no puedo esperar a aprender este método y poderlo aplicar a mis pacientes y que todo el que mundo lo conozca.

Si tiene algún comentario sobre este libro, puede contactar:
· con la autora - tal@emdrexperts.com
· con la editora para Latinoamérica: info@traumaclinicedicoes.com.br
· con la representante para España: maria@jaure.net

Prólogo A La Edición Latino-Americana

La terapia EMDR cambió mi vida. Primero, cambió mi vida personal. Después de una sesión en 1995, yo salí convencida que esto era algo que quería aprender a hacer, para poder ayudar a mis pacientes, porque yo salí tan impresionada con los cambios en mi propia persona. Eventualmente, cambió radicalmente también a mi práctica profesional.

Todo cambió en mi consulta: la manera de ayudar a mis pacientes, el deslumbramiento constante de verles mejorar de forma casi increíble a cada sesión - especialmente para una psicoterapeuta experimentada como soy. Los pacientes pasaron a quedarse menos tiempo en terapia, y los cambios eran mucho más rápidos y duraderos. Llegaban con pedidos específicos y salían con resultados mensurables. Las ganancias terapéuticas perduraban y no había recaídas. Los cambios eran profundos y liberadores. A raíz de todo esto, la terapia EMDR pasó a ser la regla de mi trabajo y no la excepción.

Es un gusto compartir con otras personas la experiencia de Tal Croitoru a través de la publicación de este libro. Hemos encontrado una persona que logra explicar no solamente cómo funciona la terapia EMDR, pero argumenta su implementación científica en larga escala. De la misma manera que la terapia EMDR representa un cambio paradigmático en la psicoterapia, la autora indica cómo también significa un cambio en la manera de desarrollar la práctica psicoterapéutica cuando empleamos la terapia EMDR. Escrito para que todas las personas pueden leerlo, su lenguaje es sencilla, clara y accesible, pero con precisión científica.

Es nuestro deseo que la terapia EMDR tenga un alcance mundial. Queremos romper el ciclo de violencia en nuestros países, cuya base es el trauma no-resuelto. Queremos verles a las personas viviendo con más calidad de vida, porque pueden alcanzar a sus sueños y no simplemente despertar de ellos. Creemos que Tal Croitoru nos presenta más una herramienta preciosa para conquistar este desafío.

Esly Regina Carvalho, Ph.D.
Presidente, EMDR Treinamento e Consultoria
www.emdrbrasil.com.br
Directora, TraumaClinic do Brasil
www.traumaclinic.com.br
Editora, TraumaClinic Edições
www.traumaclinicedicoes.com
Trainer of Trainers, EMDR Institute y EMDR Iberoamérica
Trainer, Educator, Practitioner de Psicodrama
Autora del libro, *Sanando la Pandilla que Vive Adentro*

Prólogo A La Edición Europea

Oí hablar del EMDR por primera vez en 1996 a una psicóloga española, que trabajaba en el Servicio de Salud Inglés (National Health Service) como una terapia muy efectiva en fobias y TEPT (Trastorno por Estrés Traumático). En aquellos momentos yo estaba desarrollando en España una empresa, que prestaba apoyo a los empleados que se veían envueltos en Situaciones Criticas. Como la gran mayoría de los empleados o clientes que atendíamos padecían TEPT decidí ir a formarme en Inglaterra en la primera oportunidad que tuviera.

Tuve que esperar un tiempo pero me presenté a la primera reunión en la que se habló sobre EMDR en España. Desde ese momento mi comprensión de la Mente Humana y de la Psicología cambió radicalmente. Hasta ese momento mis pacientes experimentaban alguna mejoría pero los resultados eran muy lentos y no permanentes. Cuando comencé a aplicar el EMDR los cambios que experimentaban mis pacientes se mostraban desde el principio de la terapia y algunos incluso decían que parecía un milagro, ya que habían estado sufriendo durante tanto tiempo o habían estado en terapia durante muchos años antes de conocerme.

Cada día aprendo mucho de mis pacientes, continúan sorprendiéndome de la forma creativa que solucionan su malestar , una vez que empiezan la terapia EMDR. En los casos de situaciones de trauma simple como accidentes (tren, avión, crucero), proporcionando apoyo inmediato, la recuperación con terapia EMDR se ha demostrado más efectiva que otras terapias. Esta recuperación también sucedió en aquellos pacientes que sufrieron estos accidentes hacía muchos años.

Tal Croitoru ha escrito lo que nosotros terapeutas de EMDR experimentamos en nuestra consulta de una forma profunda pero con un lenguaje sencillo . En este libro, los lectores van a ver muchos ejemplos de pacientes con trauma emocional, que experimenta grandes cambios después de hacer terapia EMDR.

EMDR puede ayudar en el malestar del día a día, como este libro les mostrará, pero también en casos más graves. Aunque el libro da muchos ejemplos de malestar emocional común y barreras psicológicas, es importante saber   que con EMDR se puede ayudar incluso en casos más graves y complejos , por ejemplo, personas que sufren de Trauma Complejo interpersonal, abuso sexual, violación, tortura, asalto, robo, secuestro, y desastres naturales o provocados por el hombre como el terrorismo. Con EMDR trabajamos con éxito con pacientes que vienen con un diagnóstico de trastorno bipolar, adicciones (a sustancias, al juego, al sexo) trastorno límite de la personalidad, depresión, trastornos de la alimentación (anorexia y bulimia) incluso esquizofrenia paranoide y otros diagnósticos que los pacientes viven como un estigma o condena para toda la vida – y que no debería ser así. Aunque el tratamiento de estos pacientes es más complejo, he visto como el comportamiento de estos pacientes cambiaba una vez llegábamos a procesar el/los traumas que estaban en el origen de su enfermedad mental.

Espero que todas las personas que lean este libro puedan comprobar por qué la autora y yo misma estamos tan entusiasmadas con el EMDR y podrán juzgar los cambios.

También animo a los terapeutas que pueden mostrarse escépticos sobre el EMDR a leer los artículos que se comentan en el libro y que pueden consultar en la web.

María Cervera Goizueta, M.A
maria@jaure.net
www.theemdrrevolution.com/spain

Capítulo 1

¿Qué es el EMDR, y en qué se diferencia de otros tratamientos psicológicos que le han precedido?

EMDR significa Desensibilización y Reprocesamiento por el Movimiento de Ojos.

Desensibilización de la intensidad de las emociones que se sienten cuando se recuerda un suceso traumático.

Reprocesamiento de las memorias de sucesos traumáticos que no pudieron ser procesadas en tiempo real.

Movimiento de Ojos usados originariamente para asegurarse que los dos hemisferios del cerebro tomaban parte activa en el procesamiento (ver Capítulo 2 sobre cómo funciona el EMDR). Hoy en día se usan otros métodos adicionales como sonidos intermitentes a través de auriculares que estimulan ambos lados del cerebro, o vibraciones en la palma de las manos que se activan intermitentemente.El método fue desarrollado por la Dra. Francine Shapiro, una psicóloga, en 1987.

Como se ha mencionado anteriormente, el método fue usado originalmente para tratar los eventos postraumáticos en soldados americanos que tenían memorias traumáticas después de la Guerra de Vietnam. Más tarde, el método se utilizó también en otras circunstancias traumáticas. Ya que el tratamiento de sucesos traumáticos está principalmente financiado por gobiernos y compañías aseguradoras que precisan de pruebas evidentes de su efectividad, EMDR está considerado uno de los métodos psicológicos con más investigaciones, muchos estudios prueban su efectividad con sólo algunas sesiones de terapia. **Sólo cuando EMDR ha probado su efectividad una y otra vez en casos difíciles es cuando se ha utilizado en situaciones menos graves.**

Recuerda, EMDR es un método psicológico en todos sus aspectos. Esto significa que sólo terapeutas formados en terapias de salud mental (la mayoría requieren de una titulación superior como mínimo), y que han sido específicamente entrenados en administrar EMDR, están facultados para utilizar este método. EMDR ha sido reconocido por las principales asociaciones profesionales como la Asociación Americana de Psicología y la Asociación Americana de Psiquiatría.

Y sin embargo, es diferente de todos los métodos psicológicos que le han precedido.

Primero, comparado con métodos previos se ha encontrado que es más efectivo (mejores resultados, o equivalentes en un período más corto de tiempo). Estas diferencias en la duración del tratamiento y grados de efectividad no se han dado antes en la historia de la psicoterapia.

Segundo, definiendo el problema y las posibilidades de tratamiento del mismo, y el foco de la terapia, son diferentes de todas las otras formas de psicoterapia. En EMDR, las cogniciones negativas, el sufrimiento emocional, y "la historia interna que no avanza" (lo que se llaman paradigmas en el campo del desarrollo personal) no son el problema. Esos son los síntomas de una experiencia, o experiencias previas de la vida, que nuestro cerebro no pudo procesar en tiempo real. Esas memorias no procesadas son el problema.

En algunos momentos de nuestras vidas, sucedieron eventos que nos abrumaron, quizás porque no estábamos en un buen momento, quizás por la gravedad del suceso; nuestro cerebro se vio "inundado" y no pudo procesar de forma correcta el suceso cuando éste sucedió. El resultado fue que las impresiones de ese evento — pensamientos, emociones, sensaciones corporales, imágenes y olores se mantuvieron sin procesar, tal como sucedieron, en el cerebro.

Cuando un suceso presente conecta con ese suceso traumático del pasado, se convierte en un disparador de la activación de los contenidos no procesados. Estos contenidos, que fueron almacenados en su estado original — pensamientos, emociones, sensaciones — emergen en ese estado original. En tales situaciones, nos sentimos en el presente como nos sentimos cuando aquel suceso en el pasado estaba sucediendo.

Con EMDR, localizamos las memorias traumáticas que son responsables de nuestro malestar del presente (bajo nuestra comprensión con EMDR esas conexiones se pueden hacer rápidamente, normalmente en 1-3 sesiones), y entonces empezamos a reprocesarlas.

Una vez que el suceso ha sido reprocesado, nuevos sucesos del presente nos servirán como disparadores de las mismas sensaciones que se experimentaron en el pasado. Las reacciones del presente dejan de ser el resultado de sucesos no procesados del pasado. De acuerdo con los principios básicos de la terapia, una vez que el reprocesamiento ha terminado, los síntomas de las creencias negativas, o de las emociones negativas internas que nos llevaban a sensaciones negativas, desaparecerán. El tratamiento con EMDR incluye una gran cantidad de "insights" y de "piezas que encajan", pero a diferencia de otros métodos, el cliente consigue estos "insights" **por sí mismo** por el procedimiento, e igual de importante lo hace en un corto espacio de tiempo.

En EMDR, no damos herramientas para trabajar el problema, sino que quitamos el problema. Cuando el problema desaparece, los síntomas dejan de existir. Puedes pensar en esto de esta manera:

> Un hombre caminaba al lado de un río. Mientras caminaba, se dio cuenta que había gente en el agua que se estaba ahogando, así que intentó salvarlos. Continuó salvando hasta que un día se cansó y lo dejó de hacer. Cuando le preguntaron, "¿A dónde vas?" "¿Quién salvará a estas personas que se ahogan?" el hombre respondió, "voy a ver quién los está tirando desde el puente".

Hay métodos terapéuticos en los cuales el principio básico es crear una conciencia sobre las respuestas, y los disparadores que las ponen en marcha. Poco a poco pero de forma segura a los clientes se les ayuda a darse cuenta del hecho de que, no solamente "hay personas en el agua" (por ejemplo, hay un problema que debe resolverse), sino que también "hay alguien que los está tirando al agua" (sucesos pasados).

Los diferentes métodos terapéuticos se focalizan en cambiar la respuesta. Con estos métodos, los clientes aprenden cómo "ayudar mejor a las personas en el agua" (que representa el malestar o los bloqueos del presente), y a darse cuenta más rápidamente de que alguien se va a ahogar. De esta manera estos métodos tratan de mejorar las técnicas de natación, para así sacar a esa persona del agua y que no permanezca mucho tiempo en ella — queriendo decir que a los clientes se les dan herramientas para afrontar los momentos en los que sienten malestar. Por ejemplo, un cliente que sufre ansiedad por los exámenes practicará técnicas de relajación cuando empiece a encontrarse ansioso, o técnicas para luchar con los pensamientos que causan ansiedad.

En cambio, el abordaje de EMDR trabaja en cambiar el estímulo, de forma que las circunstancias no vuelvan a provocar las emociones negativas que lo iniciaron. No damos herramientas, sino que eliminamos los "disparadores" que arrojan a las personas desde el puente (mientras trabajamos con un método focalizado, rápido y eficiente para neutralizar los efectos de los sucesos pasados, y de esta forma los síntomas no se activan en el presente).

Una demostración de las diferencias entre varios métodos de tratamiento en una típica ansiedad de desempeño, como es la ansiedad ante los exámenes:

La ansiedad ante los exámenes, en su sentido estricto, es una ansiedad que aparece en los estudiantes ante las pruebas, tanto orales como escritas, en una institución educacional. En su sentido más amplio, una persona experimenta ansiedad ante una entrevista de trabajo, centros de evaluación, presentaciones delante de una audiencia, e incluso durante el sexo. En consecuencia, aquellos que sobrevivieron a esa ansiedad durante la escuela y pensaron que la habían dejado atrás, se dan cuenta muchas veces que eso no es así.

En la terapia tradicional, el terapeuta, junto con el cliente, trata de encontrar la fuente de la ansiedad. El foco se pone en el pasado; se les enseña a comprender como sus padres les presionaban, y cómo su autoestima estaba basada en siempre "hacerlo bien". De esta forma, finalmente, el cliente se da cuenta de las fuentes de su ansiedad. Sin embargo, solamente el darse cuenta no ayuda a que esto desaparezca.

En el método de feedback, a los clientes se les ayuda a adquirir herramientas para monitorizar su ansiedad, de tal forma que cuando comienzan a sentir que viene la ansiedad, se pueden relajar; utilizando métodos como la respiración, etc.

En la terapia cognitivo-conductual, a los clientes se les enseña a argumentar con "los pensamientos distorsionados", como el pensamiento de que deben de "hacerlo bien" siempre, y encontrar una forma de pensar alternativa cada vez que aparece la ansiedad. La premisa es que de esta forma la ansiedad irá desapareciendo. Al mismo tiempo, a los clientes se les expone a situaciones parecidas de exámenes para practicar.

En la terapia EMDR, los clientes localizan los elementos claves que causan esas sensaciones y hacen una conexión entre el estado durante los exámenes y la ansiedad, y después se reprocesa. Después de procesar los sucesos clave relacionados con la fuente de ansiedad, la persona no volverá a sentir ansiedad en situaciones de exámenes en el futuro. Esto significa que el cliente no adquiere herramientas para afrontar la ansiedad que aparece ante exámenes, como los 2 métodos previos señalados, ni tampoco tendrá trabajo para casa, sino que se someterá a un proceso focalizado que le llevará a no sentir de nuevo la ansiedad ante los exámenes.

Los aspectos particulares de EMDR se pueden resumir en una frase que escuché a un cliente de unos 20 años que había estado en otros tipos de terapia durante 15 años (!) sin haber conseguido ningún progreso, antes de empezar con EMDR. Para ella, lo que no pudo alcanzarse en 15 años utilizando métodos tradicionales, como las terapias Psicodinámicas y Cognitivas, se pudo alcanzar con EMDR en sólo unos meses. Hacia el final de nuestras sesiones conjuntas, me dijo, "En el pasado, cuando mi terapeuta me decía que algo que me pasaba era consecuencia de mi pasado, eso me producía una sensación de aguda depresión. ¿Qué podía hacer yo sobre mi pasado? No tengo una máquina del tiempo. Ahora, cada vez que encuentro que algo que me preocupa es por el pasado, me siento feliz, ya que puedo traerlo a la siguiente sesión de EMDR, y no me volverá a molestar más."

¿Para quién es este tratamiento apropiado?

Como he mencionado anteriormente, originalmente, el método se desarrolló para tratar el estrés postraumático. Los primeros clientes eran veteranos de la guerra de Vietnam, y también víctimas de abuso sexual. Los resultados eran muy diferentes de los encontrados en otros tipos de tratamientos; personas que habían sufrido durante años y décadas, algunos recibiendo terapias que no les ayudaban en absoluto, se recuperaban de los síntomas postraumáticos en unas pocas sesiones. Antes de esto, el trauma posterior a un evento se consideraba un trastorno crónico y prolongado.

Después de haberse encontrado que era efectivo una y otra vez, el EMDR se expandió en tres direcciones diferentes:

Primera, para **personas cuya enfermedad era menos severa que el trauma posterior a un evento.** Por ejemplo, personas que sufrían de ansiedad, depresión, fobias, crisis vitales como el divorcio o dificultades en establecer relaciones íntimas, baja autoestima, etc.

Segundo, **personas que querían mejorar el desempeño en varias áreas.** EMDR se encontró que era efectivo para mejorar el desempeño académico, incluyendo el tratamiento de la ansiedad ante los exámenes, trabajar con atletas antes de las competiciones o durante la recuperación después de lesiones, trabajando con músicos y actores en su desempeño, hombres de negocios enfrentados a crisis de negocios, y para eliminar barreras internas y el crecimiento personal.

Tercero, para **personas con trastornos mentales o emocionales severos**, como adicciones, trastornos psiquiátricos severos como trastorno bipolar o esquizofrenia, trastornos disociativos, incluso personas con retraso mental que han sufrido traumas. En estos casos, EMDR puede incorporarse preferiblemente como terapia de apoyo. Este libro se va a centrar en los dos primeros grupos.

¿Para qué edad es apropiado el EMDR?

EMDR puede utilizarse para tratar a niños y se ha visto que su eficacia es más rápida comparado con los adultos. Desde muy temprana edad, el tratamiento se hacen en presencia de los padres. Nadie es demasiado viejo para la terapia EMDR, mientras la persona tenga habilidades de afrontamiento. Tengo experiencia personal tratando clientes con 70 años y sé de colegas en otras partes del mundo, y también en Israel, que han tenido éxito tratando personas con 80 y con 90 años.

Resumen: ¿En qué tipo de situaciones es útil EMDR?

Eliminando obstáculos internos para alcanzar tu óptimo desarrollo personal como: atletas que buscan mejorar su desempeño y alcanzar mejores resultados antes de una gran carrera; estudiantes antes de los exámenes, artistas antes de una función o de audiciones; personas de negocios buscando mejorar su habilidad para presentaciones y negociaciones exitosas, o mejorar su autoestima antes de pedir un aumento o una promoción.

Afrontamiento de crisis vitales como: engaño amoroso, divorcio, desempleo, parto traumático, etc.

Cambio de patrones de comportamiento repetitivo como: dificultades para entablar relaciones, tomar malas decisiones una y otra vez, rabietas, etc.

Afrontamiento de ansiedad y fobias como: miedo de hablar en público, ansiedad de desempeño, ansiedad al conducir, miedo a los perros, miedo a procesos dentales, Pesadillas recurrentes, etc.

Afrontamiento de sucesos dramáticos como: violencia sexual, violencia física, accidentes de tráfico, ataques de terror, muerte de un ser querido, etc.

Sufrimiento e inhibiciones pueden ser el resultado de condiciones médicas o bioquímicas y/o el resultado de experiencias vitales que se han experimentado en el pasado o se experimentan hoy en día. **EMDR puede ayudar cuando hablamos de sufrimiento mental o inhibiciones internas causadas por experiencias vitales.**

¿Cómo es posible que EMDR pueda utilizarse para tratar tantos tipos de problemas?

Teniendo en cuenta, por supuesto, las diferencias de los detalles, los mecanismos neuropsicogénicos causantes del malestar en el presente por sucesos en el pasado, son generalmente los mismos. Con EMDR el rol del terapeuta no es rascarse la barbilla, hacer comentarios, o dar consejos basados en su experiencia personal. Su trabajo es completar el procesamiento de los sucesos que están en el centro de las inhibiciones y el malestar presente. Los detalles proceden del cliente, no del terapeuta. Explicaré más sobre esto en el siguiente capítulo.

"Tengo 41 años, estoy casada y tengo cuatro hijos. Vivo en un pueblo pequeño con mi familia. Trabajo y vivo feliz con mis hijos,

rodeada de mi familia, de mis amigos; tratando de que el tiempo me alcance para hacerlo todo. Hace dos años di a luz a mi hijo pequeño, este cuarto embarazo empezó con la calma de una madre que ya había tenido tres embarazos y partos anteriores y pensaba que lo sabía todo.

En la semana 24, en medio de unas vacaciones familiares, empecé a sentir presión en la pelvis y a sentir las contracciones de parto y me recomendaron reposo... semanas en la cama preocupada por el bebé dentro de mí. Cada día hacía cálculos y estaba muy preocupada sobre su peso, sus oportunidades de supervivencia, malformaciones congénitas y otras preocupaciones y ansiedades.

El primer día de la semana 36, nació un bebé sano de 2,7 kilos en un parto corto y asombroso. Por primera vez en meses pude dar un suspiro de alivio y abrazar a mi bebé. Hubo tantos momentos en los que temí que nunca llegaría este día. Pero... mi alegría era prematura y sólo duró un corto espacio de tiempo. Dos horas después del alumbramiento, cuando estaba en mi cuarto, feliz de que la pesadilla había pasado, mi estado general empezó a deteriorarse. Parecía que estaba en una ola que me arrollaba, cayendo rápidamente en un abismo profundo y oscuro.

Siguieron 10 días de cuidados intensivos, mi vida pendía de un hilo, estuve al borde de la muerte. Mirando a los ojos de mi marido, me preocupaba pensando como podría cuidar de cuatro huérfanos él solo. Tratando de que el miedo no me sobrepasara, luché por cada respiración, entre la conciencia y la pérdida del conocimiento, intentando elegir la vida con todas mis fuerzas. Supliqué que me dejaran abrazar a mi bebé por el que había luchado tanto para darle la vida, y que ahora necesitaba su tacto, para que me diera fuerzas para luchar, no dejarme llevar, y permanecer con vida. Miré al médico de cuidados intensivos directamente y vi indefensión, sus ojos decían, "Hemos hecho todo lo posible y ahora sólo queda desesperación". Al darme cuenta que esto era el fin, me hundí en un agujero oscuro... el médico, poderes divinos, mis ganas de vivir o todo eso junto, permitió que en el último momento, cuando toda la esperanza se había perdido volví a la vida.

Después de unos cuantos días de recuperación en el hospital, supliqué que me dejaran volver con mi familia a casa, necesitaba desesperadamente estar junto a ellos.

Cansada, físicamente débil, pero una madre leona, volví a tomar las riendas de mi vida inmediatamente. Di de mamar a mi hijo, cociné, hice todas las labores de la casa – El reino de unos padres con cuatro hijos. No me paré a pensar, sentir o hablar de lo que había pasado. Yo era "la madre tierra" con una máscara que sonreía, corriendo hacia delante.

Todo lo que pasó en cuidados intensivos se almacenó en una caja cerrada y se guardó muy dentro de mi cerebro.

Pasaron dos años, y parecía que todo había vuelto a la normalidad. Volví rápidamente al trabajo, los niños crecieron, y el bebé super cariñoso estaba corriendo a nuestro alrededor.

Y entonces, en un día claro, me vi envuelta en un ataque terrorista. Un miedo repentino de muerte (literalmente) me sobrecogió y no me abandonó. El cuerpo empezó temblar, me vi envuelta en lágrimas, sintiéndome indefensa, el cuerpo desmadejado, incapaz de afrontar, sólo lloraba, lloraba, lloraba. Yo, la invencible, no podía comprender qué era lo que me estaba pasando.

No estaba herida, pero estaba rodeada de una sensación muy fuerte de muerte y pasé noches llenas de pesadillas. Me levantaba en la mitad de la noche sintiendo que me ahogaba, sentía que iba morir. No podía funcionar. Quería que alguien se encargara de los niños, y estar yo sola.

Después de unos pocos días, una amiga que vino a visitarme me abrazó, me miró a los ojos y me dijo, "Cariño, sufres de estrés post-traumático desde el último parto". Fue como una bomba y eso hizo que como un cataclismo todo el trauma del parto saliera fuera.

Mi amigo del alma me derivó a Tal Croitoru, una terapeuta EMDR especializada en estrés post-traumático. No conocía el método, y no pensaba que fuera TEPT, o que necesitara terapia. Yo pensaba que mi reacción era natural por la situación en la que estaba, como si hubiera dado dos pasos hacia delante; podría haberme hecho mucho daño.

Pero concerté una sesión, y me daba apuro cancelarla (también tuvimos tiempo para tratar esos sentimientos). En la primera sesión conté toda la historia sin poderme parar. Paso a paso. Lo que viví durante el tiempo en cama, miedos y preocupaciones sobre el bebé, el parto y las complicaciones que siguieron. Hablaba como en cascada (una historia que nadie antes había escuchado completa hasta este momento), y Tal sentada escuchaba. Al final de la primera sesión le dije a Tal que iba a irme al extranjero durante un tiempo, y que sólo tenía dos semanas para hacer la terapia. Tal no pensó que eso fuera un problema. Me dijo que con EMDR se puede tratar y solucionar el estrés post-traumático muy deprisa. Lo que se necesitaban era sesiones muy frecuentes (casi todos los días, durante 2 horas cada día). Yo me mostré muy escéptica -¿quién puede arreglar TEPT en dos semanas?

Nos encontramos al día siguiente; yo, Tal y mi escepticismo. Tal me pidió que cogiera las almendrillas y empecé a contarle sobre el *embarazo y el parto desde el principio. No podía controlar mis pensamientos a medida que salían como si los escupiera. Al principio, luché contra ellos. Quería dirigirlos hacia donde pensaba que estaba bien, pero el cuerpo es sabio y los pensamientos sabían dónde tenían que ir. Tal vio mi malestar y se rió: "Aún cuando piensas que quieres un sandwich de aguacate, quédate con eso..." así que los pensamientos siguieron fluyendo hasta que, de repente, se pararon en una situación difícil (que yo ni siquiera recordaba). Tal me hizo algunas preguntas (sobre la dificultad) y una vez más, pensé sobre ello. Tal trató de cuantificar cuánto me molestaba, y ante mi sorpresa la situación dramática que antes no podía tocarse, de repente dejó de perturbarme. Una vez más, Tal no cejó, y empezó a darme instrucciones. Empecé a revivir el momento con las dos almendrillas en mi mano y unos pensamientos incontrolables... De repente, minuto a minuto, empecé a sentir que la dificultad y el dolor se fundían como un bloque de hielo. Continuamos tratando otro momento difícil y una vez más con las preguntas del Tal, mi mente empezó a acelerarse, y pasé de ser incapaz de pensar en ello, a sentir que era algo que podía contener. Después de 4-5 sesiones sentí que el trauma severo había pasado. Ahora estaba libre para trabajar en mis patrones de conducta y las cosas que eran difíciles para mí. Los graves sentimientos sobre la muerte, la incapacidad de respirar y los momentos específicos de los dos años previos a los que no había sido capaz de enfrentarme o poder recordar, ahora eran tolerables.*

Me encontré sentada con mi madre y mi hermana por primera vez, sin llorar, contándoles en detalle lo que había pasado. Sentía estas cosas, pero ahora las podía contener.

En terapia, me di cuenta que no había notado la rabia que sentía hacia el bebé que había deseado tanto. Me di cuenta de pronto, que yo sentía inconscientemente que podía haber muerto por este parto, y dejar a mi familia que tanto quería sin una madre. No podía recordar si había sostenido en mis brazos a mi hijo después del parto y eso me partía el corazón. Tal me trajo de nuevo a ese momento mágico y de repente estaba allí. Pude ver claramente como mi bebé llegaba al mundo y como el doctor me lo entregaba. El sentimiento de felicidad me inundó y me permitió experimentar el apego hacia mi bebé que había echado en falta por la serie de acontecimientos que se desarrollaron después.

Fueron 10 días de tratamiento intensivo casi todos los días; un tratamiento sorprendente, muy cansador en el que poco se dijo. Yo estaba casi siempre conmigo misma, sujetando las almendrillas, con mi mente reviviendo los momentos pasados. Vi literalmente momento a momento, y surgieron cosas que ni yo misma recordaba. Experimenté pensamientos rápidos, incontrolables y una vuelta poderosa a la situación tanto que podía ver, sentir y oler. Un segundo después, Tal, sin saber que pasaba por mi mente, me pidió que me parara y valorara el grado de malestar en una escala de 0 a 10. Luego me llevó de vuelta a la situación hasta que disminuyó.

Parecía irreal, pero después de sólo tres sesiones, el sentimiento de descanso era enorme. Me sentía físicamente ligera. Me di cuenta que el bloque de ansiedad estaba atorado en mi alma y no me permitía disfrutar de las cosas en toda su extensión, especialmente de mi querido hijo.

Finalicé la terapia y me fui de viaje feliz como había planeado, abrazando a mi hijo y sintiéndome muy agradecida a mi amiga que había insistido en que pidiera ayuda.

No dudo de que podía haber pasado años en una terapia convencional, semana tras semana, volviendo a contar una y otra vez mis miedos y ansiedades sin ninguna solución. Aquí, en menos de dos semanas, el trauma pasó de ser un monstruo del que no podía despertarme a una experiencia difícil que podía contener, Y algo que no sobrepasaba mi vida ni interfería con mis funciones diarias. Ya no tengo imágenes por las noches viéndome abandonando esta vida, y ya no me despierto a mitad de la noche sintiendo que no puedo respirar. Ahora puedo hablar de la experiencia por la que pase sin llorar. Más importante aún, ya no estoy enfadada con mi bebé, y estoy feliz de haber pasado por el embarazo y el parto. Mi querida familia tiene una madre que ha vuelto en sí gracias a un tratamiento efectivo".

Capítulo 2

¿Cómo funciona el EMDR?

¿Por qué algo que ocurrió en el pasado, incluso en el pasado remoto, sigue incomodándonos?

Nosotros tenemos varios mecanismos psicológicos, en nuestros cuerpos, cuya tarea es guiarnos por el sendero de la salud y la recuperación. Si hay una herida o una fractura en el cuerpo, el cuerpo funciona para curarlos. De una manera similar, cuando sufrimos un malestar emocional, nuestro cerebro trata de procesar la experiencia — tanto durante las horas de vigilia como las de sueño.

Cuando ocurren ciertos eventos singulares — porque dicho evento es demasiado abrumador, o porque nosotros estábamos demasiado débiles (como consecuencia de la falta de sueño o por una enfermedad), o porque nosotros estábamos indefensos (como cuando somos jóvenes) — nuestro cerebro no puede procesar completamente el evento en tiempo real.

Esto da como resultado que el incidente sea almacenado en nuestra memoria sin procesar — en bruto — con las imágenes, aromas, voces, sentimientos, pensamientos y sensaciones corporales del momento en que éste ocurrió. Las memorias almacenadas en bruto son mantenidas separadas de la red de memoria general, a modo de una "cápsula" separada, sin acceso a memorias anteriores o posteriores.

Por lo tanto, a menos que una intervención externa tenga lugar, no importa qué pasó o pasará más tarde, el contenido de la "cápsula" que contiene la memoria en bruto no cambiará. Cada vez que hay un estímulo externo en el presente que toca el contenido de la cápsula, el contenido puede "revivirse" — en su forma en bruto — y experimentamos sentimientos del pasado en el presente, con una intensidad inadecuada para los eventos actuales.

El ejemplo clásico es el del llamado 'estrés de combate' (en inglés, shell shock): Cuando una puerta se cierra, esto podría ser percibido como disparos. El hombre con estrés de combate podría sentir que está otra vez en un campo de batalla junto con las visiones, los sentimientos y los pensamientos relacionados a aquellos eventos del pasado. Eso ocurre a pesar del hecho de que la persona sabe cognitivamente, y fuera de toda duda, que la guerra terminó y que han pasado años desde aquel evento, etc.

La mayoría de las personas no sufre de 'trastornos de estrés post-traumático' (TEPT), sin embargo, tienen memorias traumáticas que se reviven en situaciones posteriores de un modo reiterado. Nosotros vemos situaciones tales como: Un adulto que sufre mucho miedo al ver a un pequeño perro (porque el contenido de la cápsula — un perro mordiéndolo a la edad de cuatro años estaba reviviéndose), un funcionario de alto rango perdiendo su autoridad ante sus subalternos (porque el contenido de la cápsula contenía un período de su vida en el cual él era débil), personas ricas que aún se sienten pobres (debido al contenido de la cápsula de un período previo), personas con temor a conducir (el accidente de coche almacenado en la cápsula), personas con temor a volar (la cápsula de un vuelo en el que ocurrieron turbulencias), personas con temor a hablar en público (cápsula de aquel contratiempo en la escuela primaria), personas con sensación de malestar al pasar delante de un café (cápsula con la memoria de un "ex" con quien nosotros a menudo nos sentábamos allí), personas que evitan pedir un aumento de sueldo o un ascenso en el trabajo (cápsulas de sentimientos previos del tipo "no soy lo suficientemente bueno"), personas con falta de confianza en las relaciones sociales (cápsula de ser excluido en la escuela primaria), o personas con falta de autoconfianza en las relaciones íntimas (cápsula que contiene a aquellos en los que confié y me hicieron daño), etc.

En otras palabras, cada vez que un incidente nos abruma de tal forma que el cerebro no puede procesar el incidente en tiempo real, mientras está ocurriendo, o muy cerca cuando ocurrió, se forma una cápsula con una parte de nosotros atascada en ese incidente, de manera que estamos reviviendo el incidente una y otra vez. Esto no tiene nada que ver con la lógica, dado que la lógica se sitúa en la red de la memoria adaptativa, a la cual la memoria traumática no tiene acceso. Nos podemos decir a nosotros mismos una y otra vez que el evento quedó en el pasado, que ya no es parte de nuestras vidas, de hecho, no lo ha sido por años, y de que no debería afectarnos más, sin embargo, no es posible acceder al contenido de la cápsula porque está almacenada en una red completamente separada. Esta es la razón por la cual, por ejemplo, las personas que van a terapia durante años pueden pasar sesiones interminables llorando acerca de los mismos incidentes dolorosos una y otra vez (dado que lo que se está reproduciendo en la cápsula es doloroso), etc.

Un ejemplo muy bueno de lo que estamos hablando, es Nina, a quien conocí en la consulta, cuyo hijo nació prematuramente. Cuando ella fue a ver a su hijo a la unidad de neonatología, se horrorizó al ver cómo los médicos le hacían el procedimiento de resucitación cardiopulmonar (RCP). Después de muchos intentos, en los que no le permitieron acercarse, le pidieron que se retirara, con el argumento de que su presencia podría llegar a obstaculizar la resucitación. Pasó las siguientes horas, a solas, fuera de la sala, sintiendo un intenso temor y ansiedad. Hasta donde podía entender, su hijo se estaba muriendo o estaba muy cerca de la muerte y reaccionó en consecuencia. Aquellos eran los recuerdos del incidente que quedaron encerrados en una cápsula separada de su memoria.

Dos horas más tarde, le permitieron entrar en la unidad donde se enteró de lo que había ocurrido. El bebé que fue sometido a RCP no era en realidad su hijo. Su hijo gozaba de muy buena salud y fue dado de alta algunas horas después. Su desarrollo también fue normal.

Por esa experiencia tan perturbadora, el recuerdo del trauma de aquellas dos horas fuera de la unidad de neonatología permaneció alojado en una "cápsula" separada de la red de memoria general de Nina. El incidente que le hizo sentir que su hijo estaba en peligro siguió siendo una memoria viva, a pesar de que todo había sido un error, sobre el cual tomó conciencia tiempo después. Cuando nosotros comenzamos a trabajar con la memoria. Nina categorizó el grado de perturbación en el presente respecto de su memoria pasada con un 10, el grado más alto. (Esta escala de 0 a 10 en terapia se denomina Unidades Subjetivas de Perturbación (en inglés, SUDS: Subjective Units of Distress Scale), y es utilizada en la terapia para medir el cambio). A pesar de que en realidad el bebé en resucitación no había sido su hijo, el recuerdo del episodio la perturbó en el grado más alto. Antes del final de la primera hora de terapia, tras haber incorporado contenido de su red de memoria general dentro de la cápsula del evento en bruto, Nina categorizó el grado de perturbación con un 0, lo cual significaba que su memoria dejó por completo de disparar aquellos sentimientos negativos.

Diferentes cápsulas con características similares pueden llegar a combinarse y formar un tema en común, hecho de pensamientos tales como "no soy lo suficientemente bueno", o "yo debo de estar molestando". Lidiar con ese tema durante la terapia es como sacarse de encima un gran bloque de hielo. Usted no trata de derretirlo todo de una vez. Por el contrario, usted corta una pequeña parte de él y la derrite, y luego otra y otra y así sucesivamente hasta que el bloque de hielo se derrite. Esa es la razón por la cual el subtítulo de este libro es *Cambie su Vida procesando una Memoria cada Vez.* El trabajo sistemático minimiza la influencia del tema y puede hacer que desaparezca completamente.

En la terapia EMDR, la historia usualmente es recolectada en 1-3 sesiones, poniendo énfasis en el contenido de las cápsulas que son relevantes respecto a qué está creando una molestia en el cliente — distrés/inhibición/realización parcial de su potencial en la vida hasta el presente. Después, nos aseguramos de que el cliente tiene suficientes recursos para procesarlo, y, en ese caso, inmediatamente comenzamos a trabajar. Si no es así, primero le damos al cliente recursos suficientes, y sólo entonces comenzamos a completar sistemáticamente el procesamiento de los datos crudos contenidos en aquellas cápsulas que están separadas de la red de memoria general.

Accedemos a cada cápsula mediante cuatro canales diferentes: el **canal sensorial** (principalmente visual, pero en ocasiones mediante aromas y/o sonidos), el **canal emocional**, el **canal cognitivo** (en el cual las creencias negativas están asociadas con la memoria y en el cual se encuentran las creencias positivas que el cliente le gustaría ver asociadas con la memoria una vez que los eventos puedan llegar a ser procesados. En el Apéndice G usted puede encontrar una lista tanto de las creencias positivas como de las creencias negativas más comunes) y el canal de las **sensaciones corporales**.

El contenido traumático, crudo, incluye en muchos casos, las sensaciones corporales experimentadas en el momento del episodio. Por lo tanto, mientras se está trabajando con una herida del pasado, puede aparecer un dolor físico real en la parte del cuerpo afectada, pero desaparecerá poco después de que el proceso haya sido completado. Por ejemplo, mientras estábamos trabajando con un cliente con heridas auto-infligidas, aparecieron los dolores sobre las cicatrices correspondientes a las viejas heridas; mientras trabajábamos con un hombre que recibió heridas estando en el ejército, él volvió a sentir dolor en sus heridas como cuando ocurrieron.

Es común que el cliente experimente dolor en la parte del cuerpo afectada, aún años después de ocurrida la herida, debido al canal de las sensaciones corporales. Un ejemplo de esto es "el dolor del miembro fantasma", el cual aparece en pacientes que, a pesar de haber perdido un miembro, todavía sienten el dolor en la parte del cuerpo ausente. Por ejemplo, un paciente amputado podría sentir un fuerte dolor en su pierna, pese al hecho de que él ya no las tiene. Este fenómeno es tratado como un problema puramente médico. Sin embargo, en años recientes, muchos investigadores han demostrado éxito al tratar estos dolores con EMDR. Gracias al procesamiento de la memoria traumática, el dolor físico conectado a la memoria que lo mantenía vivo en una cápsula separada del cerebro, desapareció.

Más de una vez, las personas cometen el error de pensar que las memorias relevantes para la terapia se refieren a eventos que los persiguen de una manera cotidiana y consciente, tales como las pesadillas recurrentes sobre un incidente específico. Sin embargo, los eventos relevantes no siempre son así. Estos son incidentes que el cliente podría recordar pero podría no ser consciente de sus efectos sobre él. Por ejemplo, un cliente dice: "Sí, ella me empujó y me dijo judía sucia, pero yo tenía 8 años de edad entonces, y ahora tengo 40 y vivo en Israel. Yo no pienso que aún me moleste el tema". Pero como mencioné antes, la memoria traumática es almacenada en una cápsula separada y no funciona según las leyes de la lógica. Por lo tanto, la manera de cuantificar el impacto sobre el cliente en el presente no es mediante el uso del conocimiento y la lógica, sino por el contrario, mediante las sensaciones que emergen cuando la memoria es "tocada". Lo que medimos cuando consideramos las SUDS son las sensaciones. Su valor en la escala SUDS cuando nosotros tocamos sus recuerdos fue de 8. Si nos hubiéramos referido a esta memoria en función de la importancia que el cliente le asignaba en el primer momento, nosotros hubiéramos pasado por alto el impacto de ésta en sus sensaciones actuales y hubiéramos perdido la oportunidad de procesarlas, y de ese modo mejorar su condición.

A pesar del hecho de que el paciente no piensa eso al principio, el impacto de una cierta memoria que obtiene una puntuación de más de 3 o 4 SUDS cuando es tocada significa que está teniendo impacto en el presente. Conforme el procesamiento tiene lugar y la influencia del evento se vuelve clara, el cliente puede ver sus efectos sobre diferentes aspectos de su vida. Yo escucho afirmaciones de mis clientes que sentían al principio que las memorias de su pasado eran insignificantes, llegar a decir cosas como, "Esto me hace recordar por lo que estoy atravesando hoy. Yo no lo había notado antes".

Dos mecanismos contribuyen al procesamiento que ocurre durante la terapia. El primero es canalizar la concentración en dos canales paralelos — "entonces" y "ahora". El segundo es trabajar de manera tal que garantiza la participación de los dos hemisferios cerebrales en el proceso.

Con el fin de asegurarse de que los dos hemisferios tomen parte en el procesamiento, es necesario usar un estímulo que permita trabajar con ambas partes del cuerpo y por lo tanto sobre ambas partes del cerebro. Esto se puede hacer usando varios métodos, tales como emitir diferentes sonidos de forma intermitente en los oídos derecho e izquierdo, seguido de un objeto que se mueve de derecha a izquierda, etc. Yo usualmente uso un dispositivo especialmente diseñado para EMDR compuesto por dos objetos que se pueden sostener en la mano y que pueden vibrar. Algunas veces un cliente viene a mi consulta y me dice que siente un malestar emocional en su pecho, pero él no sabe por qué. Yo hago que levante los dos objetos vibrantes y poco tiempo después él sabe por qué, debido a que el estímulo bilateral ayuda a conectar el hemisferio de la sensación corporal con el hemisferio de la cognición.

Durante el procesamiento, le digo al cliente que deje que su mente lo guíe de manera que él sólo trate de observar lo que está ocurriendo sin tratar de controlarlo. Las asociaciones relacionadas al evento procesado pueden llevarlo hacia adelante o hacia atrás en el tiempo, a diferentes aspectos de su memoria, a detalles adicionales del evento que no recordaba, o a información proveniente de distintos canales — incluyendo el cognitivo, el emocional, el sensorial y el físico. De todos modos, al cliente se le pide que sólo observe, sin controlar ni juzgar si las asociaciones son relevantes.

En muchos casos, el cliente siente que surgen asociaciones no relacionadas con el incidente, pero luego la conexión se vuelve aparente para él. Recuerdo el caso de un cliente joven que sufría de baja autoestima. En una de nuestras sesiones, le pregunté qué fue lo que notó en la última parte de la sesión de procesamiento. Él me contesto: "Algo totalmente no relacionado. De repente vi una gran cortina con una bicicleta sobre ella". Le pedí que no juzgara las asociaciones sino que solamente las notara y luego el recordó un incidente que le ocurrió a la edad de 4 años. Él y su hermana menor recibieron una bicicleta, y mientras ella pudo montarla fácilmente, él, en cambio, no pudo y se cayó. Recordó a algunos miembros de su familia riéndose de él, y desde ahí a cómo se generó la baja autoestima el camino era muy corto.

Es importante saber que el cambio observable en las SUDS no es unidireccional a lo largo del proceso. Mientras se trabaja con el procesamiento de la memoria del cliente, el valor en la escala SUDS pude subir o bajar. Siempre que haya un cambio, el trabajo debe continuar. En los casos en lo que un cliente nota que no hay cambios, el terapeuta guiará al cliente en una nueva dirección que podría completar el procesamiento de una manera más precisa. En muchos casos, la falta de cambios, a pesar del cambio en las direcciones, indica que se está procesando la memoria equivocada. Esto significa que esta memoria está basada en un recuerdo más temprano que requiere ser procesado primero. Esto se denomina una 'memoria alimentadora' (cuando una memoria anterior funciona como base de una memoria presente). Después de completar el procesamiento de un evento, el SUDS disminuye hasta 0 o cerca de 0, la memoria se conecta con creencias positivas en 7 o cerca de 7 en una escala de 1-7, y el cuerpo se relaja.

Una vez tuve un caso en el cual el valor en la escala SUDS disminuyó en la sesión previa y subió en la sesión siguiente. Esto usualmente podría indicar dos posibilidades. La primera es que hay otro aspecto activo en la memoria que hay que procesar, por ejemplo, el aspecto del sentimiento de vergüenza puede haberse procesado completamente, pero el aspecto del sentimiento de rabia debe aún ser abordado. La segunda posibilidad es, como he dicho antes, de que hay una necesidad de localizar y reprocesar una memoria más temprana. En la gran mayoría de los casos, después de completar el procesamiento y de que el valor en la escala SUDS de la memoria llega a 0, éste permanecerá bajo para siempre y no perturbará más al cliente en el futuro.

"Me siento y trato de pensar cómo el tratamiento me benefició más... tratando de especificar las diferentes áreas en mi vida que cambiaron gracias a la terapia... y encuentro que esto es difícil de definir, no porque las cosas no cambiaron... por el contrario... porque cambiaron mucho.

Yo estuve en terapia "convencional" antes y a pesar de que la consideraba muy efectiva y de que sentía que obtuve mucho de ella, este método me produjo una experiencia diferente. Pienso que el principal tema para mí fue la facilidad con la cual yo pude ver los resultados en mi vida cotidiana, en un proceso que casi nunca proviene de una posición de pensamiento (por ejemplo, "Ahora estoy en tal situación... Haré esto y aquello...") sino desde un lugar casi automático. A veces, sentía como si yo hubiera cambiado el "cableado" de las cosas, y los eventos que en el pasado podrían haberme sacudido, simplemente dejaron de afectarme y perdieron poder sobre mí.

Vine a terapia por una razón específica pero rápidamente comprendí que los eventos que me habían llevado a la terapia estaban relacionados con otros eventos más alejados de los cuales ni siquiera yo era consciente. Me explicaron que aquellos eventos, incluso tiempo después, podían llevarme a actuar y a reaccionar de una cierta manera debido a su estado activo y a que no fueron procesados apropiadamente. "Volver" a estos eventos desde una perspectiva más clara y a un sistema de procesamiento y reabsorción (suena a largo y trabajoso, pero a veces ocurre en un instante, como cuando la luz entra en una habitación y las cosas comienzan a verse completamente diferente) hizo que las cosas se ubicaran en su lugar y así dejaron de controlarme. Yo literalmente recuerdo finalizando una sesión con el sentimiento de '¿Cómo?, ¿así?, ¿podía ser realmente tan simple?!' Y la respuesta es Sí. ¡Fue así de simple para mí!".

El protocolo EMDR —

¿Qué sucede en la consulta?

El plan de trabajo en EMDR está centrado en tres períodos de tiempo:

A. Incidentes del pasado que están almacenados y no procesados, y que son las causas del problema.
B. Los síntomas y efectos de esas memorias en el presente — disparadores presentes.
C. El futuro deseado en el campo que se está trabajando.

El proceso está detallado en un protocolo compuesto por 8 pasos:

1. **Recolección de la historia.** Antecedentes y "cápsulas" — localización de las memorias traumáticas que aún influyen sobre el cliente en el presente, y sobre el cual se basa el programa de tratamiento. Además, se recolectan datos sobre los síntomas actuales, los disparadores, los objetivos deseados y los recursos para manejarlos.
2. **Preparación.** El contenido y la duración de la etapa de preparación varía de persona a persona, dependiendo de la causa de derivación y de los recursos que posee para afrontar los síntomas. Hay clientes en los cuales las primeras dos etapas toman apenas 30 minutos, y en otros en los que ha ocurrido un trauma severo, o una batería de eventos con impacto acumulativo, en los cuales se requiere emplear un tiempo más largo. En casos bastante raros, como en las adicciones o en los trastornos disociativos, estas etapas pueden llegar a durar semanas o meses. Durante la etapa de preparación, el terapeuta le explica al cliente los elementos básicos del EMDR y las características de la terapia, y además se asegura de que el cliente cuente con los recursos que puedan ayudarlo a completar el procesamiento de los eventos. Cuando se trata de personas muy ocupadas (por trabajo/estudio, o que les gusta vivir la vida y no son inactivos) esto es usualmente un signo de que el cliente tiene suficientes recursos para llevar adelante el proceso. Entonces, la terapia puede comenzar. Si, en

cambio, la persona está deprimida y no puede funcionar o colaborar, hay que poner el foco en agregar recursos hasta que pueda comenzar el procesamiento.

3. **Evaluación.** Se recolecta la información con respecto al evento que será el foco de la terapia en esta etapa del programa de tratamiento. Estos detalles incluyen una imagen que representa el canal sensorial de la memoria, las palabras negativas que surgen de ella, las palabras positivas que al cliente le gustaría que surgieran de ella una vez que el evento fuera procesado, justo en la medida en que las palabras positivas se adaptan a la memoria (en una escala de 1 a 7), las emociones que aparecen cuando se enfrenta a los recuerdos, justo en la medida en que la memoria perturba al cliente cuando hace el ejercicio de recordar en el presente (en una escala de 0 a 10) – las antes mencionadas SUDS), y donde se siente en el cuerpo.

4. **Desensibilización.** En esta etapa se completa el reprocesamiento del evento mientras se activan alternadamente ambos hemisferios cerebrales (esto se hace mediante movimientos del ojo, alternando sonidos, o alternando estímulos táctiles). La etapa de desensibilización dura hasta que el valor en la escala SUDS alcanza el 0 o se encuentra cercana a 0. Esto es, hasta que la memoria no causa más malestar en el canal emocional. Este paso no se hace bajo la forma conversacional, sino que consiste en períodos breves de reprocesamiento en silencio en los cuales el cerebro del cliente tiene la posibilidad de reprocesar la memoria que no pudo ser plenamente procesada en el momento inicial de ocurrencia, junto con la estimulación bilateral del cerebro y un breve informe al terapeuta. El cliente permanece completamente despierto durante todo el procedimiento. El rol del terapeuta en esta etapa es facilitar las mejores condiciones para que ocurra el reprocesamiento. El terapeuta trata de intervenir lo menos posible mientras fluye el reprocesamiento. Si el cliente se atasca, el terapeuta interviene delicadamente para hacer fluir el proceso otra vez. La manera en que este paso es experimentado por los clientes es diferente de persona a persona de acuerdo a la manera en que el paciente usa su

cerebro para soportar y elaborar los temas difíciles. Algunas personas experimentan este paso como "un soñar despierto", con metáforas visuales. Otros experimentan principalmente cambios emocionales, mientras que otros experimentan el proceso como una profunda introspección.

5. **Instalación.** En esta etapa, nosotros verificamos el proceso mediante el canal cognitivo, usando las palabras positivas deseadas. Esto significa que al final del proceso de instalación se produce un alto grado de sincronización entre la memoria del incidente y las palabras positivas (con el objetivo de alcanzar un valor de 7, o cercano a 7, en una escala de 1-7).

6. **Chequeo corporal.** En esta etapa, nos aseguramos que no haya residuos de memoria remanente que se pueda expresar a través del canal somático de las funciones corporales. En caso de que exista tal residuo, nosotros continuamos con el procesamiento hasta que desaparezca.

7. **Finalizando el procesamiento o finalizando la sesión.** Esto significa instruir al cliente para que pueda notar qué pasa después de la sesión e informar al terapeuta en el próximo encuentro.

8. **Reevaluación.** Esta etapa tiene lugar durante la siguiente sesión o sesiones usando la escala SUDS para el evento que se está trabajando y un breve informe respecto del impacto que tuvo el procesamiento previo sobre la vida cotidiana. Esto se hace con el objeto de asegurarse que el proceso se ha completado y de que no hay necesidad de proseguir con el procesamiento de otros aspectos de la memoria en cuestión.

¿De dónde vienen las memorias sobre las que nosotros trabajamos?

Cuando se trata de incidentes destacables y extremos que se encuentran en la base del malestar, hay poca dificultad en localizarlos. Sin embargo, cuando se trata de temas más amplios y menos focalizados, como los problemas de autoestima o los patrones problemáticos en las relaciones íntimas, o en el caso de tener que remover "bloqueos internos" y mejorar los logros, en la mayor parte de los casos, el cliente tiene algunas dificultades en reconocer cuáles son las memorias que se encuentran en el núcleo de los bloqueos. En este caso, las personas a veces pueden pensar erróneamente que el EMDR no es el método adecuado porque no tienen memorias traumáticas que los persigan. Esta noción necesita ser corregida. De hecho, aquello que las persigue es su inhabilidad de cambiar de comportamiento, aún cuando, en teoría, saben qué se necesita hacer. El tener conciencia del comportamiento que los inhibe no hace que éste cambie. Mientras que en el caso del TEPT podemos reconocer los eventos centrales ya que nosotros estamos "perseguidos" por las imágenes de aquellos eventos; en el caso de las memorias traumáticas, nosotros estamos "perseguidos" más por las emociones y las creencias negativas en nuestro subconsciente, de tal modo que es más difícil para nosotros conocer sus orígenes. Dentro de las primeras sesiones de EMDR, uno logra la comprensión de la dinámica que causa el bloqueo o el patrón de conducta, ya sea mediante el *flotar hacia atrás (en inglés, scanning back)* que permite detectar los eventos previos que causaron el bloqueo, o bien mediante el *EMDR como forma diagnóstica.*

Flotar hacia atrás (scanning back). Parte de las técnicas que permiten localizar los eventos centrales usados en la terapia pueden ser implementados en uno mismo también. Sin embargo, en los casos de malestar agudo, está fuertemente recomendado no hacerlo. Cuando se trata de eventos agudos, el acto de recordar podría incrementar el nivel de malestar; por lo tanto, es imperativo que, en estos casos, uno busque un terapeuta entrenado en tratar estos eventos (Los criterios para elegir el terapeuta EMDR correcto están detallados en el Apéndice D).

Una vez que localizamos un comportamiento o un patrón que no es comprendido, o que nosotros reconocemos como causante de estrés, y nuestro comportamiento no puede ser explicado por los eventos presentes solamente, es posible conectarse con las sensaciones en tres canales:

1. ¿Qué emoción acompaña a la memoria?
2. ¿Qué palabras negativas la acompañan? (Una lista de creencias negativas comunes aparece en el Apéndice G).
3. ¿Dónde lo sentimos en el cuerpo?

Ahora nosotros podemos volver atrás en nuestra memoria, encontrar de dónde provienen nuestras sensaciones, y luego hacer una lista. Por ejemplo, el sentimiento de que "yo soy un perdedor"... ¿De dónde proviene? ¿Lo sentí alguna vez en la universidad, o fue en la escuela secundaria? o ¿Lo sentí alguna vez durante mi infancia?

Otra manera de localizar las memorias clave es yendo cronológicamente hacia adelante. Por ejemplo, ¿Me sentí alguna vez un perdedor en la escuela primaria? No, realmente, no. Recuerdo que entonces yo me sentía bien. Pasemos entonces a la escuela secundaria. ¿Me sentí alguna vez un perdedor en la escuela secundaria? Esta forma cronológica de ir avanzando nos permite identificar los puntos específicos donde los problemas comenzaron.

EMDR como forma de Diagnosticar. Cuando se presenta una dificultad al tratar de diagnosticar el problema, es posible trabajar con el último evento en el cual el cliente actuó de una manera tal que le cuesta hacerse comprender. Mientras realizamos el proceso, podemos revisar con qué asociaciones se conecta este incidente. Desde allí, nosotros podemos comenzar a explorar qué hay en la base del comportamiento y alcanzar memorias más tempranas. De aquí en adelante, es posible preparar un plan de terapia que incluya los eventos clave, y así progresar de manera sistemática.

Efectos Adversos

El EMDR tiene tres posibles efectos adversos:

Sentirse cansado durante o después de la sesión. Este es el más común, pero no siempre ocurre y es el resultado natural de un procesamiento intensivo y multidimensional que abarca elementos emocionales, sensoriales, cognitivos y somáticos.

Un aumento de estrés después de sentir una disminución. Este posible efecto adverso no siempre ocurre. El procesamiento de la memoria de un incidente traumático usualmente requiere entre 1-3 sesiones. Si el procesamiento no llega a completarse en una sesión, en algunos casos, el contenido de la memoria podría interferir hasta la sesión siguiente (más pensamientos y sueños sobre el evento). Por esta razón, durante la etapa de preparación, el terapeuta revisa si un cliente puede relajarse antes de que comience el procesamiento. Generalmente, cuando se trata de eventos serios, yo sugiero tener una sesión doble, o más de una sesión por semana, para minimizar el tiempo entre sesiones hasta que se pueda completar el trabajo sobre el evento, y así minimizar y eliminar completamente este efecto adverso.

Recrear el acto en el presente. Este es el más raro de los tres, y yo lo he visto sólo unas pocas veces. Es una situación en la cual está involucrado un evento particularmente traumático, pero dado que el cliente está confundido acerca de si los sentimientos y pensamientos vienen del pasado o del presente, él realiza una actuación en el presente — por ejemplo, corre fuera del consultorio. Yo estuve trabajando con un cliente que, 10 años antes, había recibido la mala noticia de que su hija de 2 años tenía cáncer terminal (lo cual afortunadamente resultó ser erróneo; la hija hoy está viva y muy bien). Una vez que surgió la emoción, el cliente salió corriendo de la sala de terapia incluso antes de que finalizara. Al día siguiente el cliente retornó para completar el procesamiento. Resultó ser que durante el momento traumático original, cuando los médicos le dieron la mala noticia, él sintió la urgencia de levantarse y salir del consultorio. Cuando esta emoción resurgió en la sesión, eso fue lo que él hizo: recrear el acto en el presente.

Limitaciones

El EMDR es un método terapéutico que, aún después de muchos años (desde 1987), continúa en evolución. Para el público general que no sufre patologías severas, la única limitación es asegurarse de que tengan recursos suficientes para hacer frente al procesamiento — lo cual es testeado y creado en el segundo paso del protocolo. Para las personas con trastornos más severos, hubo en algún momento algunas contraindicaciones, pero casi todas ellas han desaparecido después de que los terapeutas, gracias a las investigaciones y al trabajo clínico, pudieron evitarlas. Así es como el EMDR está integrado dentro del tratamiento de los trastornos disociativos, la esquizofrenia, el trastorno bipolar y el retardo mental, entre otros.

Además, el nivel de entrenamiento que tienen los terapeutas EMDR difiere. Muchas limitaciones que se presentan en los primeros niveles del entrenamiento en EMDR son resueltas en las etapas más avanzadas de la formación y durante la práctica del método.

En ciertas condiciones médicas, en especial en el campo de la neurología, usted debería consultar con un médico antes de iniciar el EMDR.

"A lo largo de los años, antes de usar EMDR, yo había experimentado con diferentes métodos en psicología, psicoterapia, terapia y conciencia, etc. El más fuerte entre ellos fue el seminario-taller de conciencia. Desde entonces, yo traté de encontrar un tratamiento que me permitiera explorar más extensamente los temas que yo tocaba brevemente durante aquellos tratamientos, incluyendo todo lo que quedaba sin abordar; por ejemplo, la indagación de los detalles de mi memoria, una por una. Yo sabía que esto era la clave de las preguntas que me planteaba a mí misma sobre la formación de mi personalidad, y una vez que yo recibiera las respuestas, encontraría la fortaleza para cambiar las cosas en cada área de mi vida.

Debido a temas relacionados con una crisis de fe en un terapeuta al que yo consultaba durante mis primeros años en la universidad (a pesar de que aprendí de él algunas técnicas para afrontar ciertos problemas) y a otras crisis posteriores, yo no me sentía animada para recurrir a la psicoterapia. La mayor parte de los terapeutas con los que traté me hacían verme como poco inteligente al poner demasiado hincapié en las cosas que yo hacía o no hacía en la terapia (como por ejemplo, no llegar en hora a la sesión), y trataban de convencerme de su significado. No digo que esto esté mal, pero en mi caso, yo sentía que el terapeuta trataba de conectar este tipo de cosas con las ideas freudianas y otras proyecciones. Pasé el resto de mi tiempo mejorando mis habilidades como narradora de historias (en lo cual, como yo sabía, no era mala). Ahora yo sé que nada de lo que experimenté tuvo el mismo efecto emocional que el EMDR.

A pesar del corto tiempo en el que he sido tratada con EMDR, y de mis temores, por un lado, el de trabajar con mis memorias (de las cuales tengo muchas y me da miedo revivirlas), y por el otro, el de un método con un nombre inusual (sobre el cual no sabía mucho), yo puedo definitivamente decir que nunca me he sentido tan vital en años.

Soy una mujer hermosa y yo he sido consciente de eso desde mi infancia. Lo sorprendente es que sólo recientemente comencé a sentir que merezco estar bien cuidada y protegida todo el tiempo. Yo me acostumbré a cuidarme sólo por momentos, "en oleadas", y así mi autoestima se mantuvo bastante baja. El método con el cual trabajé sobre los incidentes de mi infancia, que yo pensaba que era perfecta (o por lo menos idílica y pastoral como una granja comunitaria) me hizo descubrir aspectos que ni siquiera yo recordaba, y así logró causar en mí un cambio inesperado...

Un torrente de imágenes provenientes de mi memoria temprana, facilitadas a través de este método (que, para mi sorpresa, no consistía en hipnosis, sino en dos bolas vibrantes sostenidas en mi mano, mientras yo tenía los ojos cerrados) me permitió poder ver a través de una memoria más amplia: Cuando era pequeña, yo vivía en un kibutz. Los niños locales me engañaban. Ellos me hicieron jurar que no dijera a los adultos lo que yo comía — una mezcla hecha por los niños con arroz de la cena y probablemente lombrices de tierra. Esta historia se me metió muy adentro. Recordarla y hablar sobre ella sin duda produjo un cambio en mí. Si, en el pasado, yo me sentí indigna o sin méritos y no podía siquiera explicarlo, de repente, algo se liberó dentro de mí y cambié.

Este castigo temprano a través de mi estómago debe de haberme enseñado a "mantener las cosas adentro" y a limitar mi auto-expresión, porque no podía decirle a nadie lo que me pasó (¡lo prometí!). Inmediatamente después y durante muchos años, sufrí dolores de estómago, que atribuí a mis penas o a algo genético o similar... Reprimí completamente la razón real.

Después de esta sesión, fui capaz de liberarme de las memorias de mis dolores de estómago (y de sus recurrencias), y de la antigua promesa inocente que me hice a mí misma (no dejar que nadie se entere de las cosas malas que me pasaron) y así pude comenzar a elegir qué es lo mejor para mí. Desde entonces, siento que algo significativo ha cambiado en relación conmigo misma. Ahora mismo, siento que puedo comunicarme con mi propio ser mucho mejor. Además, de repente, puedo amar y abrazar a mi niña interior, a la que siento como una parte esencial de quién soy. Volví a recuperar algo que había perdido 20 años atrás. Me siento más hermosa y con más confianza.

Yo siento que esto ocurrió porque la pequeña niña que mantuvo el secreto y encubrió a los niños, se sintió realmente mal con su propio ser interior y llegó a pensar que esto era lo que se suponía que debía sentir. Después de liberarme de esta desgastante obligación, los años de inseguridad se terminaron y una nueva vitalidad y libertad ocuparon su lugar. Esto permitió a la mujer joven (¡yo!) comenzar a sentir que tenía el derecho de expresarse y ser ella misma, y estas cosas finalmente aparecieron en mi belleza natural".

Capítulo 3

Dejando atrás el pasado
Problemas que se enmascaran como otros problemas

Juan

Cuando Juan tenía algo más de cuarenta años, fue a terapia por consejo de un amigo. Su esposa lo había engañado y durante muchos meses él estaba inseguro respecto de si debía divorciarse o no. Sus pensamientos iban y venían entre la preocupación por sus hijos y la estabilidad financiera de ellos después del divorcio, y entre permanecer con la incertidumbre de mantener una relación con una persona en la que no se podía confiar. Estos pensamientos daban vuelta alrededor de su cabeza, junto con los dilemas de la terapia psicológica convencional.

Al mismo tiempo, su estado mental continuó deteriorándose. Sufría de insomnio, de problemas de salud, y de falta de concentración en el trabajo, por lo cual se le agregó el temor de ser despedido.

Era obvio que el problema de Juan no era si tenía que divorciarse o no, sino si él tenía la fuerza suficiente como para poder elegir. El problema real era la incapacidad de Juan de tomar una decisión, sostenerla, y afrontar sus consecuencias.

Por lo tanto, el objetivo terapéutico primario para Juan no era la necesidad de tomar una decisión, sino la de fortalecerlo para que él pudiera llegar a tomar una decisión y manejar las consecuencias. Después de tres sesiones, centradas en su crisis aguda actual, Juan comenzó a dormir bien otra vez. En las semanas siguientes, usamos EMDR para abordar algunos eventos del pasado que le habían dejado un sentimiento de debilidad, de ser conducido por los otros, y de no ser lo suficientemente bueno. Juan tenía muchos recursos para afrontar sus problemas, por eso, en cada sesión pudimos explorar uno o dos incidentes de su pasado.

Nosotros procesamos el tema de las comparaciones que hacía su familia entre él y su hermana menor, el hecho de ser bizco a una edad muy temprana y sus consecuentes burlas; también abordamos el tema de tener una madre que lo manipulaba sin escucharlo debidamente y el de los fracasos amorosos que experimentó. Juan me contaba que después de cada sesión salía más fortalecido de lo que estaba en la sesión anterior.

Tres meses después de comenzar la terapia, Juan se encontró por casualidad con el anterior amante de su esposa. En vez de encogerse de hombros, como en ocasiones anteriores, le dijo ¡gracias! y siguió caminando con su frente en alto. Como resultado de la terapia, Juan nunca más se sintió débil y hoy es capaz de tomar una decisión y atenerse a sus consecuencias. No quería seguir viviendo una vida de humillación y falta de respeto, y así fue que finalmente inició los trámites de divorcio.

Alfonso

Alfonso, un hombre de 45 años, vino a terapia con un problema que, según él, sólo requería de una o dos sesiones para resolver su dilema: Tener o no tener una amante. Antes de comenzar a abordar el tema de su futura relación, yo le planteé el tema de su actual relación de pareja. Él describió una relación difícil con su esposa, llena de falta de respeto, desdén y hasta de abuso verbal, por ambos lados. Cuando le pedí que describiera la relación desde el comienzo, descubrí que ésta había sido difícil, incluso antes del matrimonio.

Luego le pregunté si alguna vez había detectado "las luces rojas" dentro de la relación y por qué no había tratado de detenerse.

Mientras me daba su respuesta, resultó que Alfonso tenía una larga historia de baja autoestima. Yo, por lo tanto, le ofrecí un objetivo terapéutico alternativo. En vez de resolver el dilema propuesto por él relacionado a tener o no tener una amante, nosotros deberíamos concentrar el trabajo en resolver su sentimiento de inferioridad.

A pesar de que la terapia basada en el método EMDR requiere usualmente de 1 a 3 sesiones para establecer un plan terapéutico, nosotros rápidamente localizamos las fuentes del problema de Alfonso y comenzamos a procesar sus experiencias tempranas de recibir las burlas de otros niños, el abuso y la desatención familiar, y también su constante sentimiento de culpa. A medida que el procesamiento fue avanzando, nosotros logramos alcanzar respuestas para las preguntas relevantes. Las preguntas no eran si él debía tener o no una relación extramatrimonial, sino por el contrario, "¿Qué tipo de vida quiero vivir?, ¿Con quién quiero compartirla?, ¿Qué tipo de relación quiero construir?".

Lo que vale la pena saber

Muchas veces las personas se acercan a la terapia cuando se encuentran atascadas en un cierto lugar, sin poder comprender su razón. Esto es porque, para muchas personas, "el problema se oculta…". En otras palabras, lo que la persona pensaba que la estaba perturbando, en realidad, no era el problema principal. Por lo tanto, cuando se trata de resolver el problema equivocado, el intento es en vano.

Por ejemplo, suelen venir a mi consulta personas que están inmersas en contemplar una decisión importante. La contemplación es dura y el pensamiento los persigue. Ellos invierten muchas horas en preocuparse sin encontrar la forma de poder decidir. En la mayor parte de los casos, una breve indagación muestra que el dilema presente es el resultado de una razón más profunda, por ejemplo, el temor de cometer un error. Cuando ese temor no existe, la capacidad de probar una u otra solución o de decidir más adelante se vuelve posible. O, por ejemplo, la incapacidad de confiar en uno mismo. "Si yo no confío en mí, ¿cómo voy a tener confianza en la decisión que tendré que tomar?". O, como en el caso de Juan, la incapacidad de creer que uno puede llegar a manejar las consecuencias de las decisiones.

Cuando definimos correctamente el problema, podemos identificar la colección de experiencias que lo causaron. Una vez que el procesamiento se completa, el "enredo" puede solucionarse.

¿Cómo podemos saber si se trata de un problema o se trata sólo de un síntoma? Nosotros revisamos qué está pasando en otras áreas de la vida de esa persona.

Natalia

A la edad de algo más de 20 años, Natalia vino a consulta para que la ayudara a decidir por quién sentía más atracción — ¿los hombres o las mujeres? Yo le pedí que me describiera cómo tomaba otras decisiones importantes en su vida, como por ejemplo, la educación. Ella me contestó, "Qué bien que me lo preguntes. Estoy con muchas dudas también respecto de qué universidad elegir". Entonces quedó claro que no estábamos hablando de un tema en particular de su vida, sino que su problema era, en realidad, el temor a cometer un error. Después de trabajar sobre este temor, Nancy se dio cuenta que decidir entre hombres o mujeres no era lo importante para ella, y de que no tenía que tomar una decisión por anticipado.

Separaciones y divorcio

Eva

Eva, de 27 años, vino a la terapia después de que su novio se separara de ella. Fue su primera relación seria, ya que habían estado juntos desde que ella tenía 18. Antes de ocurrir la separación, habían pasado unos pocos meses de deterioro en la relación.

Mientras estaban de vacaciones en el extranjero, justo antes de volver, su novio rompió la relación. Ella estaba en un país extranjero, sola, con un novio que quería apartarse y sintiéndose distante y desconectada de los amigos y de la familia. Para Eva, ésta fue una experiencia traumática, acompañada por el shock y la sorpresa, que permaneció en ella durante muchos meses después del hecho. Su funcionamiento estaba afectado y sus sentimientos de ansiedad comenzaron a generalizarse y expandirse más y más. Al principio ella tenía dificultades al estar en lugares que le hacían acordarse de su ex pareja, y luego se extendió a un área geográfica entera. Finalmente, evitaba visitar la ciudad donde había vivido lo máximo posible.

Eva describió que nunca había sentido tanta perturbación en el pasado, ni los sentimientos de indignidad y pesimismo que experimentaba ahora. Por el contrario, ella solía ser una persona muy optimista y con sentimientos de valor propio. Ella sintió que su situación había cambiado bruscamente.

Nosotros trabajamos procesando los eventos más significativos en el período durante el cual la relación con su novio empezó a deteriorarse. El trabajo terapéutico se hizo en base a un protocolo específico de EMDR, que está diseñado para abordar eventos que ocurrieron recientemente, y que aún hoy están teniendo lugar. Poco después, trabajamos sobre algunos de los "disparadores" de su estado de ansiedad. Y luego nos enfocamos en trabajar el tema de su futuro y de su capacidad para encontrarse con su ex novio sin sentir perturbación, y, por supuesto, la de comenzar a salir con otros hombres. Después de muchas sesiones, Eva se liberó de su ansiedad generalizada y pudo retornar a los lugares que ella había estado evitando. Toda la terapia duró unos pocos meses. Después, ella fue capaz de encontrarse con su ex novio sin sentirse mal y de comenzar a buscar una nueva relación saludable.

Lo que vale la pena saber

Los síntomas postraumáticos, tales como inquietud, pensamientos aterradores, pesadillas, desasosiego, flashbacks y la conducta de evitación no son sólo el resultado de traumas que amenazan la vida como los accidentes, los ataques terroristas o las enfermedades graves. Los mismos síntomas pueden aparecer después de situaciones emocionales difíciles. Las situaciones emocionales difíciles que nos resultan abrumadoras en tiempo real (porque son muy fuertes o porque nosotros somos jóvenes, débiles, enfermos o sorprendidos) pueden además ser almacenadas disfuncionalmente en nuestro cerebro en su estado 'crudo'.

Después de una separación, las personas algunas veces tienen la concepción errónea de que la terapia no tiene sentido si no puede hacer que vuelva la pareja. Éste, también, es un caso de conceptualización equivocada del problema. Las separaciones son eventos comunes y a pesar del hecho de que pueden causar mucho dolor, la mayor parte de la gente puede salir adelante. Usualmente, cuando alguien no puede funcionar después de una separación, el problema no es que fue rechazado, sino su sensación de no poder seguir adelante. Esto puede ser el resultado de la depresión, pero además de creencias negativas tales como "Nadie me quiere", o "No puedo confiar en nadie", que se fueron formando durante las pasadas experiencias. Dentro del marco de la terapia, las experiencias pasadas y los mensajes negativos causados por ellas, pueden ser identificados y procesados adecuadamente, liberándose así de esos sentimientos.

Enrique

Enrique vino a mí después de que su mujer lo traicionó. Ella en realidad no lo engañó con otro hombre, sino que traicionó su confianza escribiendo un blog donde ella compartía detalles íntimos sin decírselo a él. Cada vez que él pensaba en lo que había pasado, y a pesar de sus intentos de perdonarla y de seguir adelante, él no podía dejar de experimentar los mismos sentimientos que tuvo en el momento en que descubrió todo. Él experimentaba "flashbacks" y pensamientos intrusivos y sentía que, a pesar de querer avanzar, simplemente él se daba cuenta que no podía. Juntos, a través de nuestra sesión de terapia, nosotros procesamos las sensaciones del momento del descubrimiento. Del mismo modo que con otras memorias traumáticas, después de que la etapa de procesamiento finalizó, esos sentimientos dejaron de perseguirlo. Se volvieron una cosa del pasado en vez de un evento siempre presente, y él y su mujer lograron continuar juntos y reconstruir su relación.

Lo que vale la pena saber

Cuando uno de los miembros de la pareja engaña al otro, esto puede ser procesado por medio del EMDR. El procesamiento no necesariamente garantiza que los dos seguirán juntos, o de que sientan indiferencia en caso de que la relación termine. El significado del procesamiento es asegurar que las emociones difíciles causadas por el deterioro de la relación, y la traición o la separación no sigan persiguiendo al cliente. Los resultados incluyen: no tener más pensamientos obsesivos sobre el tema, no experimentar más flashbacks y no tener más emociones que los persigan con la misma intensidad. Bajo estas condiciones, aún cuando ellos elijan separarse, las decisiones se pueden tomar razonablemente. Por ejemplo, cuando hay niños involucrados, el método permite un proceso de separación más confortable por lo cual es más fácil que facilite un acuerdo de custodia compartida en buenos términos.

Algunas veces me encuentro con personas que o bien no recurrieron a la terapia durante su proceso de divorcio o bien intentaron la terapia convencional basada en la palabra lo que, desafortunadamente, sólo logró mantener el dolor mientras la situación se volvía peor. Las personas contrataron abogados caros y gastaron grandes sumas de dinero, tan sólo para poder tener un encuentro con su pareja. La terapia apropiada con EMDR usualmente puede prevenir estos serios problemas y crear un estado en el cual incluso el encuentro entre las ex parejas y las nuevas parejas es posible, sin estar acompañado de sentimientos de humillación o de insultos.

A menudo veo los efectos a largo plazo que el divorcio tiene sobre los niños. Estos mismos niños pueden volverse adultos de 30 o 40 años que llegan a mi consulta, pero los efectos siguen estando presentes. Muchas veces, los impactos negativos no derivan del divorcio en sí, sino de una infancia durante la cual los padres no se llevaron bien o de la exposición a padres que sufrieron un gran dolor en presencia de sus niños pequeños. Estas situaciones pueden crear en los niños el sentimiento de que ellos no pueden llevar la carga de sus padres. Puede ser que sea uno de los padres el que dijo algo malo acerca del otro, o de que uno de ellos que le dijo a sus hijos: "Si no fuera por ti, yo me habría matado". Esos niños llegan a ser adultos con la carencia de sentirse en un hogar seguro. Todas estas experiencias pueden causar que los niños tengan creencias negativas acerca de sí mismos y acerca del mundo. La terapia EMDR puede cambiar estas creencias.

Piedra a piedra — una memoria que alimenta otras memorias

De acuerdo al modelo que guía el trabajo en EMDR, las cosas que lo están incomodando en el presente provienen de eventos del pasado que no fueron completamente procesados en tiempo real. Además, muchas veces, las memorias se asienta unas sobre otras. Esto se verifica cuando las memorias de eventos previos alimentan las memorias más tardías.

Ricardo

Ricardo, un homosexual de 35 años, vivía con su pareja. Él compartió esto con su madre y su hermano, pero estaba aterrorizado de contárselo a su padre. Pensaba que el problema era su orientación sexual. En este caso, no solamente esto era un error de concepto, sino que funcionaba como una trampa.

Una indagación más profunda llevó a Ricardo a comprender que las cosas que impedían contarle a su padre acerca de su orientación sexual eran, entre otras, el temor de ser diferente, la culpa relacionada a la sexualidad, el deseo de proteger a su padre, y un verdadero temor ante su propio padre. Las memorias relacionadas al temor de ser diferente estaban conectadas con la etapa del jardín de infancia y a un problema de tartamudeo que le causaba ser excluido por otros niños. Las asociaciones negativas con la sexualidad estaban relacionadas a memorias tempranas de masturbación y de ser descubierto por sus padres, y esto le llevó a relacionar la sexualidad con la culpa. Otra preocupación fue la de que esta noticia podría dañar la salud de su padre, ya que su padre había sufrido un ataque al corazón poco tiempo antes. Ricardo no había procesado debidamente el evento del ataque al corazón de su padre, y aún sentía que cualquier incidente podría llegar a perjudicarlo. Finalmente, la última razón era el temor de hacer enojar a su padre porque las memorias en la cuales su padre explotaba de ira y arrojaba cosas a los miembros de su familia, cuando Ricardo era joven, estaban todavía frescas en su mente. Estos temas fueron abordados en terapia con el objetivo de localizar los eventos clave en aquellas áreas, y completar el procesamiento necesario. Eventualmente, después de muchas sesiones procesando las memorias, Ricardo se sintió más cómodo para compartir su orientación sexual.

Susana

Susana, de 30 años de edad, vino a la terapia debido a dificultades en sus relaciones románticas. Nosotros comenzamos por trabajar con su primera relación, a la edad de 12, con un novio que la dejó. Ella pensaba que la experiencia la había dejado con un sentimiento de baja autoestima. Como ella me contó, "¿Cómo hizo este niño, a la edad de 12, para saber que yo no valgo nada? Él ni siquiera me vino a decir que quería romper la relación, sino que envió a un amigo en su lugar". Después de trabajar con éxito esta memoria temprana, yo sentí que había memorias aún más tempranas relacionadas con su baja autoestima. Le expliqué que ella había conectado equivocadamente el evento de la separación con su propia autovaloración cuando ella podría haber pensado, "Nosotros teníamos solamente 12 años. ¡Qué infantil fue él! Ni siquiera se atrevió a decirme que nos separábamos por sí mismo", o, "¡Qué cobarde! Ni siquiera pudo acercarse a mí a decirme lo que pensaba".

Nosotros tuvimos que trabajar sobre las memorias más tempranas que la hicieron sentirse de poco valor. Este sentimiento reapareció en sus futuras relaciones.

Trabajamos también sobre muchos eventos tempranos ligados a este sentimiento, en comparación con su hermano menor y su hermana mayor. La sensación de baja autoestima, que en realidad se originaba en sus experiencias tempranas, tenía que ver con su separación durante el sexto grado de la escuela primaria. Estas experiencias crearon la situación en la cual la separación parecía convalidar sus propios sentimientos negativos. Una vez que estas "raíces" pudieron ser debidamente procesadas, las relaciones románticas posteriores fueron mucho más fáciles de manejar.

Raquel

Raquel, una mujer de 40 años en su segundo matrimonio, vino a verme a la consulta por estrés en la relación con su marido. Además, ella mencionaba sentimientos de culpa constante en sus interacciones también. La parte compleja de la terapia no fue resolver los sentimientos de estrés y de culpa, sino convencerla de la necesidad de procesar una memoria de los 3 años de edad, que surgió durante la primera sesión. Se trataba de una visita al planetario. Ella tuvo una reacción y comenzó a llorar y sus padres la retiraron del lugar y le gritaron. Ella recordaba muy claramente el fuerte sentimiento de culpa que entonces sintió. Después de procesar una memoria que había estado acarreando durante casi 40 años, el sentimiento de culpa que ella experimentaba cada vez que recibía una reprimenda fue resuelto. Ella volvió con su marido sin esos constantes sentimientos de culpa y su relación con él mejoró.

Lo que vale la pena saber

Dado que el EMDR es un método efectivo, muchas veces la parte difícil no es el procesamiento en sí, sino el tener que explicar a las personas la necesidad de retornar a una edad temprana de su vida para recuperar ciertas memorias. Los eventos que componen el núcleo de muchos de los problemas tienden a ocurrir a una edad muy temprana por dos razones. Primero, cuando somos pequeños, tendemos a pensar que todo tiene que ver con nosotros. Un niño podría decirse a sí mismo, "¿Por qué papá está gritando? Yo debo haber hecho algo mal". El niño no tiene la capacidad de preguntarse si tal vez el jefe hizo enfadar a su padre, o si su padre está enfadado con su madre, o preocupado por problemas financieros, etc. Esto significa que, como niños, atribuimos todo lo que ocurre a nuestro alrededor a nosotros mismos. Segundo, cuando somos niños, tenemos menos recursos; por lo tanto, muchas de las cosas que nos pasan nos superan. Cuando somos adultos, hasta cierto punto, podemos manejar el evento, pero cuando el evento adverso ocurrió en el pasado, decimos que se creó una memoria traumática. La belleza en EMDR es que el cliente sabe qué hacer con estas memorias tempranas. En vez de pensar, "Estoy alterado por algo que me ocurrió en el pasado", ahora sabemos que podemos retornar a los detalles de los eventos del pasado que nos siguen afectando y así poder procesarlos para cambiar los síntomas y sus efectos.

Las personas se sorprenden por las memorias que surgen porque, en general, no les atribuían mucha importancia. En EMDR, usamos la escala de SUDS para decidir si una memoria justifica nuestra atención. La escala de medición va de 0 a 10, donde el 0 representa un evento neutral, el 1 significa que el cliente recuerda el evento en forma pacífica (después de todo, recordar algo está bien, la amnesia no es deseada), y el 10 representa una memoria problemática y perturbadora. Cuando revisamos el puntaje en la escala SUDS de un cierto evento, estamos revisando también si el incidente está activo o no. Si el evento está activo, decimos que seguramente está teniendo un impacto en el presente. Si el impacto no es conocido al comienzo de la terapia, se vuelve aparente durante la terapia.

Álvaro

Álvaro, de 24 años, un hombre muy delgado, vino a verme después de perder mucho peso, sin embargo, se veía a sí mismo gordo. Con el objeto de cambiar esta percepción, nosotros utilizamos el EMDR para localizar los incidentes que lo llevaron a tener la sensación de ser físicamente defectuoso. Las memorias que abordamos tenían que ver con las burlas de sus compañeros de escuela, con el hecho de sudar en la escuela y con el hecho de comer a escondidas. En otra memoria, él se veía comiendo 2 albóndigas, mientras sus compañeros sólo podían comer media.

Nicolás

Cuando Nicolás vino a verme, todavía estaba gordo como resultado de un trastorno emocional y del auto-castigo. Nosotros localizamos y procesamos una memoria infantil temprana en la cual él escuchó a su madre compartir una historia con su hermana mayor en la cual Nicolás se ponía de pie sobre una mesa y la rompía. La historia le dejó la sensación de ser gordo y de no ser normal, y todavía era el sentimiento que tenía la primera vez que me encontré con él. Nosotros trabajamos sobre esa memoria, y desde el momento que pudo ver que el comer había sido una especie de recompensa por su repugnancia corporal, muchas de sus obsesiones en relación a la alimentación desaparecieron.

Lo que vale la pena saber

Algunas veces, las experiencias relacionadas con la ansiedad y el estrés causan dolores de estómago. Esto es porque durante las situaciones estresantes uno de los sistemas que recibe el impacto es el sistema digestivo. Como resultado, durante el estrés puede haber dolores de estómago, náuseas, e incluso diarrea y vómitos. La situación puede causar la sensación de tener "un agujero en el estómago". Puede llegar a sentirse igual que la sensación de hambre, cuando en realidad esos sentimientos provienen del estrés, temor o dolor emocional. Tal sentimiento, a su vez, puede llevar a la ingesta alimenticia para aliviar el dolor emocional.

Andrés

Andrés sufría de baja autoestima y baja autoconfianza. Además de sufrir el ridículo y de ser señalado en la escuela, la fuente de esa baja autoestima era aún más precoz. Desde que era pequeño y hasta la edad de 16 años, él fue abusado físicamente por su padre. Cuando llegó a los 16 y siendo más grande que su padre, él lo amenazó con responder. Su padre dejó de pegarle pero continuó abusando de él verbalmente. A medida que fuimos trabajando sobre las experiencias tempranas de violencia y degradación en su hogar, la autoestima de Andrés mejoró dramáticamente.

Lo que vale la pena saber

Las memorias traumáticas pueden estar ligadas unas con otras, mientras se mantienen separadas de la red de memoria general adaptativa. Por lo tanto, si se trata de un caso de sufrimiento prolongado, tal como la violencia cotidiana, no hay necesidad de revisar cientos de memorias, sino sólo un grupo selecto, cuyo procesamiento va a tener influencia positiva sobre otras memorias similares.

Sin salida

Las personas pueden todavía dudar entre posibles soluciones a un problema, ya que no parece que haya ninguna solución apropiada. Pero hay opciones que puede que todavía no hayan considerado

Elías

Cuando le pregunté a Elías, un hombre de 45 años, qué podía hacer yo por él. Él me contestó que pensaba que el problema por el cual sufría no podía ser resuelto. Yo acepté el desafío. Él dijo, "Durante muchos años, he estado pasando muchas de mis noches de la siguiente manera: me siento en el balcón, fumo un cigarrillo y me pregunto si los hijos que tuve con mi mujer son realmente míos. Sospecho que mi esposa me engañó y que ellos no son mis hijos biológicos, pero nunca me haré una prueba de ADN. Yo no quiero causarles problemas y no veo otra opción que sentarme en el balcón, fumar un cigarrillo y seguir haciéndome la misma pregunta". Nosotros retrocedimos en el tiempo para rever los eventos que causaron en Elías la sospecha respecto de su mujer. Localizamos una memoria de la época de la universidad, cuando él y su mujer se conocieron. Resultó que leyó un libro sobre una mujer que estaba sexualmente distante de su marido, que además lo engañaba con muchos otros hombres. Esta idea se metió en su cabeza y arraigó.

Después de procesar esta memoria, Elías recordó el momento en el que el ginecólogo les dio una estimación acerca de cuándo su esposa quedó embarazada. En ambos embarazos coincidió que él había estado de viaje. Sin embargo, él también recordaba que el médico les había dicho que el sistema de cálculo de la fecha probable de embarazo no es 100% precisa. En otras palabras, no había una validación real de que sus hijos no eran suyos. Manejar este problema, que llevaba años, se resolvió en sólo tres sesiones. Después de procesar las memorias del libro y de la fecha dada por el ginecólogo, Elías tuvo la sensación de que sus hijos eran suyos, sin la necesidad de una prueba de ADN. Nunca más pasó tiempo en el balcón pensando sobre aquellas ideas perturbadoras.

Lo que vale la pena saber

De la misma manera, los clientes a veces me dicen, "Tengo una inmensa deuda hipotecaria y, si soy despedido de mi trabajo, no tendré modo de pagarla, por lo tanto, no me queda otra opción que vivir con el temor constante de ser despedido". En tales instancias, usando el método EMDR, podemos desarrollar inmunidad a la ansiedad. Desde luego, la ansiedad no va a prevenir que usted sea despido. Por el contrario, dado que perturba su funcionamiento, la ansiedad podría conducir a aumentar las probabilidades de un despido. Lo que podría ayudar en el manejo de la ansiedad, sin embargo, es la creencia de que uno puede afrontar las situaciones adversas. El sentimiento de que aún en el caso de un despido, eso no significa un fracaso. Uno tiene que pensar positivamente que podrá manejar la situación y encontrar otro empleo. El EMDR puede usarse para trabajar el sentido de estabilidad y seguridad a través del procesamiento de las memorias tempranas que crearon la sensación de, "Soy débil, no puedo sobrellevar esto, no tengo esperanzas".

Leo

Leo, un hombre de 25 años, vino a mí con una seria depresión. La depresión era tan severa que él había intentado quitarse la vida por estrangulamiento. En el último momento, se quitó la cuerda del cuello y luego fue a ver a un psiquiatra que le recomendó iniciar terapia. En las primera sesiones, cuando le pregunté: "¿Cómo está usted?" las respuestas fueron, "Demasiado mal, lamento no haber muerto en un ataque terrorista", y, "Demasiado mal, lamento no haber sido atropellado por un camión".

Él atribuía su depresión a su homosexualidad, pero como pensaba que el problema nunca cambiaría, se metió en un callejón sin salida. Leo pensaba: "Si yo estoy deprimido por algo que no va a cambiar, no tengo otra alternativa que seguir sufriendo". Tuvimos que cambiar la conceptualización del problema. Ser gay no es de ningún modo la causa de la depresión, por lo tanto, nos enfocamos en que el problema era su depresión y no su orientación sexual. La depresión puede ser manejable en terapia — y así la esperanza finalmente se volvió posible.

Leo tuvo en el pasado algunos incidentes que estaban en el centro de su depresión: El difícil divorcio de sus padres y la explotación sexual a la que él estuvo sometido. Después de trabajar sobre estos incidentes, nunca más volvió a tener intentos de suicidio.

Lo que vale la pena saber

Para trabajar con el método EMDR, uno necesita fortaleza y recursos para el reprocesamiento. El EMDR puede ser usado junto con la medicación específica según cada caso. Mientras se espera que la medicación haga su efecto, el EMDR puede ser usado para fortalecer a la persona y darle ciertos recursos con los cuales afrontar las memorias traumáticas. Después de un período de fortalecimiento, el EMDR se usa para abordar el manejo de los eventos del pasado.

Como en el caso de Leo, cuando hay una depresión severa, la persona puede actuar y sentir que se encuentra en una espiral descendente. En otras palabras, el cliente siente que ir a la escuela o al trabajo ya no tiene sentido porque su destino ya está determinado. En la práctica, no estudiar nuevas cosas conducirá a trabajos sin posibilidad de progreso creando la sensación de estar atascado en un callejón sin salida.

Sin embargo, cuando uno comienza a sentir esperanza y optimismo, aparece una abertura y uno puede empezar a planificar para el futuro. En estas condiciones, la persona puede recibir educación, encontrar un mejor trabajo, y sentir que la vida puede ser cambiada.

Bajas aspiraciones

Muchas veces las personas que vienen a mi consulta tienen bajas aspiraciones; piensan erróneamente que las inhibiciones que los frenan son objetivas e independientes, pero en realidad los aspectos psicológicos son factores que contribuyen también a crear ese estado.

Asís

Asís, de 29 años, vino a verme. Él me explicó su problema de esta manera: "Mire, yo tengo una dificultad para aprender inglés, y ésa es la razón por la cual no pude terminar los exámenes de la escuela secundaria. Todo lo demás lo tengo aprobado y ahora quiero graduarme. Me anoté en la escuela nocturna, pero es realmente difícil; parece que no puedo siquiera abrir el libro de estudio de inglés. Lo abro y luego lo cierro inmediatamente". Me expresó su futura gratitud eterna si yo podía ayudarlo al menos a aprobar el examen.

Trabajé con Asís retrocediendo en el tiempo mediante una técnica EMDR que se llama "Flotar Hacia Atrás" (en inglés, "Float Back"). Esta técnica permite que la persona se conecte con las memorias del pasado por medio de canales múltiples — cognitivo, emocional y físico, y ayuda a localizar el momento exacto en el que ocurrió el evento clave.

Nosotros llegamos a una memoria del jardín de infancia en la cual Asís aprendió a escribir su nombre en inglés y en hebreo. En hebreo, escribió su nombre correctamente, pero se sintió humillado cuando la maestra se rió de él cuando escribió su nombre incorrectamente en inglés. Después de dedicar dos sesiones a finalizar el procesamiento de esta memoria, Asís pudo abrir el libro de inglés y continuar con su educación. Unas pocas semanas después, ya podía sentarse y estudiar durante horas. Unos pocos meses después, recibí una llamada en la cual Asís me comunicaba que había aprobado el examen. ¿Su nota? ¡95!

Juan Carlos

Juan Carlos vino a verme por temas relacionados con su baja autoestima y por su dificultad en tomar decisiones. Durante una de nuestras sesiones, me pidió que nos focalizáramos en su próximo examen de selectividad, y sus dificultades con las matemáticas. Cada vez que se encontraba con un problema matemático, no podía resolverlo. Entonces, sentía que su mente se ponía en blanco y le era imposible concentrase.

Volvimos a usar la misma técnica de "Flotar Hacia Atrás" para identificar los incidentes que causaron el temor a las matemáticas. Encontramos dos memorias relevantes. La primera era una memoria del jardín de infancia en la cual un incidente durante la hora de juego le hizo sentirse estúpido e incapaz de entender nada. La segunda fue una memoria de la escuela primaria en la cual un comentario áspero de su maestro por una baja nota lo hizo sentirse mal. A pesar de que las habilidades matemáticas de Juan Carlos no aparecieron de manera mágica o repentina, después de procesar sus memorias, él fue capaz de dedicarle tiempo a los cálculos y de poder resolverlos. No volvió a sentir como si su mente estuviera en blanco y no volvió a sentirse ansioso. Como resultado de aquellas tres sesiones, Juan Carlos obtuvo notas cada vez más altas en la parte de matemáticas del examen de Selectividad. Ahora que podía enfrentar los problemas sin huir ante las dificultades, los resultados fueron sorprendentes: Logró ubicarse entre el 2% más alto.

Lo que vale la pena saber

Cuando las personas me cuentan de una dificultad de aprendizaje particular que creen tener, o dicen, "Es así; yo no soy bueno en matemáticas". Yo les explico que aunque puede haber un componente objetivo en la dificultad, usualmente hay también un componente psicológico que puede ser tratado. Después de abordar este tema, nosotros podemos ver mejor qué parte de la dificultad todavía permanece. A menudo, las dificultades de aprendizaje están acompañadas de historias de fracasos que causan sentimientos de ansiedad y supuestos erróneos, los cuales por sí mismos pueden agravar los problemas de aprendizaje.

Tener conciencia está sobrevalorado

Aarón

Aarón vino a verme porque pasó su vida sintiendo que era un estorbo para todos a su alrededor. No se sentía cómodo preguntándole a su mujer algo, "porque podría perturbarla". En el trabajo, nunca se acercaba a su jefe "porque podría perturbarlo". Ni siquiera era capaz de devolver las llamadas telefónicas "porque podría llegar a molestar a la persona si la llamo ahora". Él había participado de algunas clases de autoconciencia y sabía exactamente cómo había empezado todo, pero no sabía bien qué hacer con este conocimiento. Ser consciente no cambió nada.

La memoria que Aarón recordaba provenía de cuando él tenía 4 años; estaba recostado en la cama y llamaba a su madre. Su padre apareció y le pegó una bofetada por haber gritado. "Deja de molestar", le gritó. Aterrado, él mojó su cama y ni siquiera les avisó a sus padres. Este incidente causó una conexión entre un gran sentimiento de miedo y el hecho de sentirse un estorbo en sus interacciones. Esto significaba que cada vez que Aarón pensaba que podría estar molestando a alguien, sentía una gran ansiedad porque algo malo podría llegar a pasarle. Después de dedicar dos sesiones a procesar este evento, acompañadas de muchas abreacciones (Una abreacción es un medio de desahogo que permite al cliente liberarse de una experiencia emocional relacionada con una memoria traumática), Aarón dejó de sentir que era un estorbo para los demás.

Lo que vale la pena saber

Cuando se tocan esas memorias no procesadas que se caracterizan por mantenerse separadas de la red de memoria general, surge el momento en el cual fueron creadas y el nivel de lógica de la edad que la persona tenía en aquel preciso momento. Un hombre de 30 años, en referencia a unos recuerdos que correspondían a cuando él tenía la edad de 6 años, me dijo: "Soy una mala persona por haber robado la manzana de mi vecino". El procesamiento de esa memoria podría conducir a una situación en la que él puede ver las cosas de un modo diferente, como por ejemplo, "Es sólo una manzana, ¿por qué tengo que tomar esto tan seriamente?".

Un hombre de 40 años podría ponerse a llorar y pensar, "No lo puedo creer. Rompí el jarrón que tanto amaba mi abuela!", cuando en realidad él se estaba refiriendo a una memoria de la edad de 7 años. Procesar la memoria podría llevarle a pensar que, "Sólo se trata de un jarrón, y no fue intencional". Antes del procesamiento, el contenido de la memoria estaba presente en la misma forma en que fue experimentado el incidente original, con la perspectiva y la conciencia de aquella edad. Un cliente de 40 años irrumpió en lágrimas después de procesar las raíces de sus sentimientos de debilidad y de no ser lo suficientemente bueno. Él recordaba experimentar sentimientos de humillación y degradación cuando, a la edad de 3 años, su madre lo vistió de manera idéntica a su hermano de 2 años, dando a todos la impresión de que eran mellizos. Estos sentimientos permanecieron con él durante 35 años. Dejar ir estos sentimientos negativos requirió solamente de una sesión de procesamiento.

Luisa

Luisa vino a mi consulta a la edad de 30 años después de 15(!) años de terapia, incluyendo terapia psicodinámica, terapia cognitiva, y algunas otras por el estilo. Ella pensaba que ya había probado todo. Algunas de las terapias resultaron neutrales en el mejor de los casos, pero otras hicieron que su condición empeorara. Presentaba una historia de relaciones dolorosas, que las diversas terapias no pudieron prevenir. Algunos terapeutas sugerían que su comportamiento era resultado de un abuso sexual que ella no podía recordar. Esto hizo que a Luisa le resultara todo más difícil e incrementara su grado de perturbación. De hecho, no fue víctima de abuso sexual. Sin embargo, podía recordar algunos incidentes perjudiciales que ocurrieron en una etapa muy temprana de su vida. En su caso, al igual que en otros, ser consciente de estos incidentes por sí mismo no servía para cambiar su estado. Finalmente, el procesamiento adecuado de estas memorias fue lo que produjo un impacto enorme. Lo que Luisa no pudo hacer en 15 años — con mucho sufrimiento — lo pudo lograr en sólo unos pocos meses de EMDR, con una creciente sensación de alivio.

Lo que vale la pena saber

Quince años no es el récord de duración de una terapia. Hay algunas personas que han estado en terapia durante más tiempo. El récord entre mis clientes es 25 años. Cuando la terapia convencional no funciona, los clientes podrían llegar a la desafortunada conclusión de que todas las terapias son inútiles o de que ellos son una causa perdida. ¡Esto no es verdad! Hay maneras de saber si uno está haciendo la terapia correcta (Los criterios para saber si uno está recibiendo la terapia adecuada pueden verse en el Apéndice F). Uno de mis clientes había estado yendo a terapia en forma intermitente durante 17 años antes de venir a verme. Por aquellos años, estuvo llorando cada semana en el hombro de su terapeuta, sintiendo de vez en cuando algún grado de alivio... hasta la semana siguiente. Y este ciclo persistía. Personalmente, yo no creo en la terapia que sólo ofrece algo de consuelo, una terapia cuyos efectos sólo duran apenas una semana, y tampoco usted debería hacerlo. Creo que es mejor trabajar sobre las raíces de los problemas y resolverlos.

Las personas que han probado otros métodos para mejorar el nivel de conciencia sobre sus vidas, como por ejemplo, seminarios de crecimiento personal, coaching y otras formas de terapia, a veces avanzan más rápido con EMDR, ya que ellos, hasta cierto punto, son conscientes de los problemas que los afectan. Lamentablemente, el tener conciencia de los problemas no es suficiente para iniciar el cambio. Estos clientes vienen a la consulta con "una lista de incidentes" a los que hay que procesar de manera sistemática.

¿Qué ocurre con aquellos que no saben cuándo comenzaron sus problemas? Tener conciencia no es una precondición para hacer terapia. Es posible localizar las memorias relevantes usando una técnica simple. En tales casos, nosotros necesitamos apenas 1-3 sesiones para diseñar un programa terapéutico elaborando una lista de memorias clave que condujeron a la perturbación o a la inhibición en el tiempo presente.

Más conexiones desafortunadas

Jacobo

Jacobo, un cliente de más de 30 años, tenía dificultades para expresar sus emociones. Fuimos hacia atrás en el tiempo y descubrimos una memoria de cuando él tenía 7 años, en la que su hermano menor se cayó al suelo desde una cómoda. Jacobo recordaba haber estallado en lágrimas por la conmoción y el estado de agitación subsecuente. En respuesta, su padre le gritó: "¡Deja de llorar como una niña!". Desde entonces, él encontraba difícil la expresión de sus emociones, dado que expresar emociones estaba conectado con un sentimiento no deseado. En otras palabras, la expresión de emociones funcionaba como "un disparador" para que esas ásperas memorias volvieran a la superficie. Después de procesar esta memoria, Jacobo comenzó a desplegar sus emociones de una manera más libre.

Ruth

Una conexión muy desafortunada se formó en Ruth, una mujer divorciada de 40 años. Un año atrás ella recordaba haber tenido un sueño erótico mientras dormía una siesta en un sofá. Se despertó por una llamada de teléfono, en la que le dieron la noticia de la muerte de un familiar. Esta situación que ocurrió mientras ella estaba con la guardia baja hizo que se formara en ella una conexión entre los pensamientos y los deseos sexuales, y la ansiedad, lo cual condujo a la situación en la que cada vez que se sentía sexualmente estimulada, también sentía mucha ansiedad. Y viceversa, cada vez que algo le causaba ansiedad, se sentía también excitada. Estos dos disparadores, la excitación sexual y la sensación de ansiedad, llevaron la memoria traumática, en bruto y no procesada de Ruth a la superficie, e incluía las emociones, los pensamientos y las sensaciones corporales desde el momento en que estos eventos no procesados ocurrieron.

Soluciones y "soluciones"

Es mejor distinguir cuándo la solución es temporal y cuándo se trata de una solución a la fuente de los problemas.

Zacarías

Zacarías, de 24 años, vino a terapia diciendo que tenía un problema muy difícil que estaba fuera de su control. Dos o tres veces por semana tomaba contacto online con un extraño. Él decía que ni siquiera lo disfrutaba y por lo tanto no podía entender qué lo motivaba a hacer esto. Peor aún, sentía que al exponerse a estos encuentros, en algún momento podría convertirse en víctima de un ataque sexual. A pesar de todo, Zacarías no podía dejar de participar de estas interacciones.

En la primera sesión, yo lo instruí para que tratara de notar qué le pasaba antes de tomar contacto online — esto es, qué pensamientos, qué situación o qué dinámica personal se desarrollaba antes de interactuar. Él volvió la semana siguiente y mencionó dos cosas que había notado. La primera era que le aparecía el sentimiento de "Yo no soy querible", lo que le creaba la sensación de urgencia por estar online. La segunda era que esto ocurría después de cada pelea con su madre.

Comenzamos rastreando las fuentes de esos sentimientos de no ser querible. Así llegamos a una memoria difícil de cuando él estaba en cuarto grado de la escuela primaria, y fue excluido. Fue una experiencia tan displacentera que, finalmente, Zacarías terminó siendo transferido a otra escuela. Usando EMDR, nosotros trabajamos con el recuerdo doloroso de haber sido separado del aula por sus propios compañeros de clase hasta que Zacarías le quitó importancia al tema. Logramos elaborar juntos esas malas memorias del pasado que estaban generando tanto malestar en el presente, mediante el uso de sus propios recursos, ya que ahora él era socialmente activo y tenía muchos amigos.

La semana siguiente, Zacarías mencionó que tuvo sólo un encuentro con un extraño. Se sintió más en control de su comportamiento pero no tanto como él esperaba. Entonces, nos pusimos a trabajar sobre el otro aspecto que él había notado: las peleas con su madre. Él mencionó una pelea en particular que tuvo lugar muchos años atrás, que contribuyó a crear la actual tensión entre ambos. En las dos sesiones siguientes, nosotros procesamos la memoria de esa pelea hasta que dejó de estar asociada a sentimientos negativos. En la siguiente sesión, Zacarías confirmó que se sentía en control de su conducta autodestructiva y que ya no sentía aquellas urgencias. Para cerciorarme de que el cambio era permanente, lo cité varias semanas después. Vino a verme y lo encontré muy bien. Dos años después de haber concluido la terapia, Zacarías podía tener encuentros sociales no por compulsión, sino por su propia voluntad.

La duración completa de la terapia de Zacarías fue de seis sesiones, incluyendo una sesión de seguimiento.

Lo que vale la pena saber

En terapia cognitiva o en seminarios de crecimiento personal, la premisa de trabajo es que las creencias negativas son el problema principal y, por lo tanto, uno trata de confrontar esas creencias para inducir un cambio. En EMDR, nosotros asumimos que las creencias negativas no son el problema sino un síntoma de un incidente negativo (o más de un incidente negativo), que no fue plenamente procesado, creando así estas creencias negativas.

Del mismo modo, en el caso de Aarón, el cliente que sentía que era un estorbo, el objetivo no fue enseñarle a luchar contra las creencias negativas, o recordarle que esas creencias eran malas, o cambiar su historia interna. Por el contrario, después de procesar la raíz de sus sentimientos negativos, él se liberó completamente de ellos.

El mismo proceso también es cierto en relación a los diferentes métodos de crecimiento personal que no son considerados psicoterapia. En aquellos métodos ellos denominan "el crítico que juzga", o "la pequeña voz", o "un paradigma" a los pensamientos negativos que vienen a la mente y guían nuestro comportamiento y son la razón del problema. De acuerdo a EMDR, esas voces internas en realidad sí causan sufrimiento, pero son percibidas como síntomas de una experiencia temprana, y no el problema en sí.

En EMDR, nosotros no trabajamos con el pasado para hacer que parezca más agradable. Pero dado que el presente es influido por incidentes que ocurrieron en el pasado y que aún influyen en el ahora, nosotros procesamos el pasado para que el presente y el futuro sean mejores.

Depresión posparto

Susana

Susana, una trabajadora social, vino a verme después de sentir una terrible perturbación un año y medio después de dar a luz a su hijo. Desde el parto, ella padeció constantes brotes de ira y crisis de llanto. Como resultado de esto, la relación con su marido se había dañado debido a que ella sentía una enorme culpa. En su condición de terapeuta profesional, era consciente de lo que le pasaba, pero no podía ayudarse a sí misma.

En nuestra primera sesión, comenzamos a trabajar con un protocolo específico de EMDR aplicado a un incidente que ocurrió en el pasado, pero que además tenía una parte que estaba ocurriendo también en el presente. Susana describió la secuencia de eventos desde antes que todo comenzara hasta la actualidad, incluyendo los pensamientos relacionados al futuro. El objetivo fue crear una narración sobre la cual poder trabajar y revisar cuál de los eventos estaba aún activo, esto es, cuál de los eventos continuaba causándole perturbación y haciéndole la vida tan difícil. Eso es la que hicimos en las siguientes dos sesiones.

Yo he aprendido que aplicar EMDR a terapeutas-clientes usualmente resulta en que el EMDR trabaja más rápido que en clientes no terapeutas. A menudo, trabajar sobre una memoria traumática requiere de una a tres sesiones. Al trabajar con terapeutas, usualmente dos o a veces tres memorias pueden ser procesadas en una sola sesión. Con Susana, dado que ella ya informaba sentirse mejor, paramos el proceso después de sólo tres sesiones. Luego, volvió para una cuarta sesión para decirme que se sentía normal otra vez; se sentía feliz con su bebé y su relación con su marido había mejorado notablemente. Muy probablemente, Susana sufrió de depresión posparto y por eso tuvo que pasar por esos meses tan ásperos. El procesamiento mental de este período logró ayudarla a liberarse de estos síntomas.

En EMDR, cuando hablamos de procesamiento emocional no nos referimos a hablar durante muchas horas sobre un recuerdo específico, sino más bien completar este procesamiento en los modos sensorial, cognitivo, emocional y somático (Ver Capítulo 2 para saber cómo funciona el EMDR).

Lo que vale la pena saber

Muchas mujeres sufren de depresión posparto no solamente como consecuencia de cambios hormonales sino también por memorias traumáticas durante el período de embarazo, por eventos del pasado, por el alumbramiento en sí, y por los eventos de los primeros días después del parto. Estas memorias pueden incluir dolorosos sentimientos de impotencia o de desamparo.

Una persona puede ser exitosa, y llena de experiencias beneficiosas. Pero, como hemos mencionado antes, las memorias traumáticas están almacenadas en forma separada de la red de memoria general y las dos partes no son accesibles para la otra de manera que puedan integrarse. A pesar del hecho de que el efecto de la memoria traumática no se siente todo el tiempo y de que en ocasiones el cliente se ve a sí mismo como exitoso y saludable, el "disparador" correcto puede activar la memoria traumática. El contenido de la memoria es mantenida junto con los sentimientos y emociones que fueron experimentados en el momento del evento, y podrían no estar adaptados a los sentimientos y emociones del cliente en el tiempo presente.

Ansiedades
Roberto

Roberto, de 25 años, se graduó en ciencias de la computación pero le costaba mucho conseguir un empleo. Cuando al fin encontró uno, resultó que debía recorrer una larga distancia hasta el lugar de trabajo. Él no tenía la posibilidad de ir al trabajo mediante el transporte público y no había conducido un auto desde el ejército. Mientras estuvo en el ejército, en una ocasión él estaba conduciendo a otros pasajeros y tuvo un accidente casi fatal. Esta fue una experiencia muy traumática para él, y por eso evitaba manejar. Bob tenía otros problemas adicionales, pero la razón por la cual recurrió a la terapia fue para poder conducir un vehículo otra vez y así poder trabajar y ganar experiencia en su campo de conocimiento.

Él era un hombre fuerte que contaba con recursos para enfrentar los desafíos. Dado que su problema era relativamente reciente, la terapia fue particularmente breve. Tuvimos dos encuentros: uno para procesar la memoria del accidente en el ejército, y el otro, para trabajar sobre el futuro. Con EMDR, trabajamos para la proyección a futuro mediante un protocolo especialmente diseñado para este propósito, en el que al cliente se le instruye en imaginar situaciones que le gustaría que llegaran a ocurrir en el futuro (Esta técnica es muy útil para ayudar a los atletas antes de una competición, a los músicos antes de una presentación en público, y para las personas del mundo de los negocios antes de pedir un aumento de sueldo o un ascenso. Daré más detalles en el próximo capítulo). En el trabajo con Bob, nosotros nos enfocamos en su habilidad de subirse a un coche y conducir.

Después de dos sesiones, Roberto tomó un curso de conducir, que no había podido tomar antes. Desde entonces, ha estado conduciendo un coche hacia y desde el trabajo. Después de tres años, contacté con él para ver cómo se encontraba. Roberto estaba conduciendo sin problemas y le estaba yendo muy bien.

Daniel

Daniel, de 30 años, me dijo que en dos semanas tenía que viajar en avión para visitar a su familia. Mencionó su malestar por el hecho de tener que volar ya que había tenido malas experiencias anteriores. Cuando le pregunté a qué se refería, él me dijo que durante el vuelo sentía náuseas y vómitos. Yo le pregunté si esto ocurría particularmente al viajar hacia o desde Israel. Él me contestó que esto sólo ocurría en vuelos de retorno a Israel.

Con el fin de enfocar el problema y asegurarme del diagnóstico, yo le pregunté si siempre había sufrido este problema o si comenzó en un punto específico en el tiempo. Él me contestó que todo comenzó cuando el cumplió 18 años. Antes de esa edad, el volar no lo afectaba en lo más mínimo. Cuando comenzamos a explorar qué ocurrió en su pasado, él contó acerca de un episodio durante su retorno a Israel (en hebreo, Aliyá) en que fue abusado por unos compañeros de escuela. A los 18 años, al volver a Israel después de un viaje a Rusia, se encontró con uno de sus abusadores en el mismo vuelo de retorno. Esto le llevó a asociar el acto de volar con el trauma de su juventud, y subsecuentemente, desarrolló ansiedad.

En las dos sesiones que tuvimos antes de la partida de Daniel, procesamos sus memorias de la escuela y las memorias traumáticas de aquel vuelo a la edad de 18 años. Su temor de volar desapareció. Desde entonces, ha volado muchas veces y nunca más volvió a sentirse mal durante un vuelo.

Lo que vale la pena saber

Es importante ver a un buen terapeuta, uno que sepa cómo diagnosticar y tratar correctamente. Con un diagnóstico erróneo, un terapeuta hubiera terminado aceptando el dinero de Daniel en vano, le hubiera llenado la cabeza sobre el tema de la seguridad de los vuelos en avión, o le hubiera cobrado grandes sumas de dinero por hablarle incesantemente sobre su sufrimiento cada vez que tenía que volar a Israel. En cambio, con EMDR, simplemente reconocemos los eventos, los observamos y terminamos de procesarlos. Así evitamos la posibilidad de cometer errores con todo tipo de especulaciones innecesarias.

Hay casos en los cuales la fuente de la ansiedad al volar o al manejar está clara. Por ejemplo, un vuelo en medio de un temporal que deja como consecuencia un estado de ansiedad ante vuelos futuros. En tales casos, unas pocas sesiones son suficientes para lograr una recuperación.

Un conocido me dijo que él sufría de ansiedad al conducir y que había estado en terapia en los últimos 6 años. Con el objeto de manejar la ansiedad, el terapeuta le sugirió que memorizase el recorrido con un mapa.

Esta recomendación causó el resultado opuesto, y perpetuó la ansiedad, porque, por un lado, creó una nueva ansiedad de recordar el trayecto y, por el otro, no sirvió para prepararlo en caso de un cambio inesperado en el recorrido. Cuando yo ayudo a personas con ansiedad al conducir, su sentido de seguridad no depende de memorizar un recorrido determinado, sino del hecho de tener recursos con lo que poder afrontar una variedad de situaciones. Por ejemplo, uno puede usar un GPS, detener el coche y pedir ayuda a los transeúntes — lo cual significa que el sentido de seguridad proviene de saber lidiar con los eventos actuales, y del sentimiento de que las personas podrán resolver los problemas en caso de que se presenten.

Hay casos más complicados, en los cuales la ansiedad se presenta antes del primer vuelo o antes del primer intento de conducir. En tales casos, la ansiedad es un síntoma que se expresa en relación al acto de conducir o al de volar.

Gerardo

Gerardo vino a terapia debido a problemas en las relaciones íntimas. En una de las sesiones, mencionó su preocupación por un vuelo que tomaría en dos días. Desde la primera vez que voló, siempre experimentó la sensación de que la muerte era inminente. Nosotros buscamos la fuente del sentimiento de "Estoy a punto de morir" acompañado de ansiedad en el pasado de Gerardo, y nos encontramos con una memoria de cuando Gerardo tenía cuatro años. Él mencionó que sus padres, muy religiosos, le hablaron un día acerca de la resurrección de los muertos. Así, el pensamiento de morir, la imagen de sus padres muriendo, y peor aún — la imagen de ellos volviendo de la muerte — le causó mucho terror. Él recordó que se puso a llorar y que le costó mucho tiempo relajarse. Trabajar sobre esta memoria facilitó las cosas a Gerardo la próxima vez que tuvo que volar.

Simón

Simón experimentó el temor a volar desde su primer vuelo. Me dijo que mientras estaba en el avión sus pensamientos eran: "El avión se va a caer y todos vamos a morir". Buscando la fuente del temor, recordó un viaje cuando estaba en cuarto grado en el que experimentó una situación de cercanía con la muerte, cuando casi se cae de un risco y se dijo a sí mismo que estuvo a punto de morir. Le salvó el responsable de cuidarlos durante el viaje, pero notó durante el procesamiento que durante muchos años estuvo evitando viajar. Procesar esa memoria le permitió poder volver a sentir confianza al volar.

Elena

Elena, de 29 años, vino a terapia después de una serie de ataques de pánico. Ella tenía un trastorno de ansiedad muy activo. Vino a mi consulta en ropa de dormir, después de pasar varios días sin ir a trabajar y durmiendo en casa de familiares en vez de en su propia casa. Después de algunas preguntas preliminares dirigidas a asegurarme de que tenía recursos suficientes para abordar el trabajo terapéutico, comenzamos el plan. Nuestro trabajo estuvo basado en una variante del EMDR diseñada para casos en los que la persona experimenta un evento continuo que no ha finalizado. Después de la primera sesión, ella se relajó y volvió al trabajo.

Esa misma semana nos volvimos a encontrar para la segunda sesión, y algo después, estuvo en condiciones de volver a su propia casa. En los cuadros agudos, para evitar un posterior deterioro de la situación, nosotros podemos y deberíamos tener una consulta con un terapeuta más de una vez por semana.

Lo que vale la pena saber

Una de las diferencias entre el EMDR y otros métodos psicológicos es la manera en que uno ve la raíz del problema. Daré un ejemplo tomado de un reality show israelí. Uno de los participantes era un hombre muy grande que le tenía miedo a los perros porque fue mordido cuando era pequeño. Otro participante era un hombre ciego que tenía un perro lazarillo, de modo que no había otra opción que acostumbrarse a la presencia del perro. Lentamente el temor disminuyó y hasta pudo pasear al perro y jugar con él.

Cuando el participante dejó el programa de TV, los organizadores le comentaron: "Has dejado de temer a los perros, ¿qué piensas de ello? ¿Adoptarás un perro ahora?". Él contestó: "¿Están locos? Le tengo terror a los perros. Con este perro especial todo está bien, pero ¡¿otros perros?!".

Esta interacción durante el programa es el perfecto ejemplo de que tratar la fobia sólo por medio de la exposición al objeto inductor de ansiedad, e intentar acostumbrarse a su presencia, no nos libera del miedo subyacente. Mediante una exposición constante bajo ciertas circunstancias el miedo puede ser manejable, pero cuando esas circunstancias cambian, la ansiedad puede reaparecer ya que el contenido traumático en la raíz del síntoma no había sido aún procesado.

Ansiedad relacionada al desempeño sexual

Noé

Después de que Noé se divorció, se sorprendió de enterarse que sufría de problemas relacionados al desempeño sexual con sus nuevas parejas, algo que lo tenía muy perturbado. Durante la sesión, percibimos que Noé veía al sexo como una prueba, pero que en vez de inducir pasión, inducía ansiedad. Él reconoció que en el pasado no se consideraba a sí mismo lo suficientemente bueno en este aspecto de su vida, y por lo tanto necesitaba ponerse a prueba. El procesamiento mediante EMDR de varios eventos que contribuyeron a este sentimiento (incidentes negativos con su ex esposa, fracasos en otras áreas de las relaciones) junto con el trabajo sobre otros eventos posteriores específicamente relacionados con su funcionamiento sexual permitió que el problema pudiera superarse en unas pocas sesiones, para nunca más volver.

Lo que vale la pena saber

En mi experiencia con hombres jóvenes que vinieron a la terapia por problemas de desempeño sexual, yo recomiendo enfáticamente que no se utilicen medicamentos cuando los problemas provienen de la ansiedad por el desempeño. Esta es una solución a corto plazo que perpetúa la ansiedad. El cliente se vuelve emocionalmente dependiente de la medicación y se siente temeroso de que si no la usa, no podrá funcionar adecuadamente; y esta ansiedad conduce a dificultades sexuales la próxima vez que tiene un encuentro sin tomar una píldora.

En la clínica, me encuentro con dos tipos de ansiedad de desempeño. En el primero, el hombre se siente bien, pero sólo se vuelve ansioso en relación al acto sexual. En tales casos, nosotros trabajamos sobre los eventos y el problema se resuelve en unas pocas sesiones sin necesidad de medicación. En el segundo, el cliente describe un estado de ansiedad que afecta a otras facetas de su vida, pero que lo perturba más en el aspecto de las relaciones sexuales. Esta ansiedad tiene una profunda raíz en su pasado y no necesariamente está relacionada con el sexo, pero se expresa durante el funcionamiento sexual — por ejemplo, el sentimiento de que "yo tengo que ser el mejor" o "si no soy perfecto, voy a ser abandonado" que luego se manifiesta en su función sexual. Esto dispara presión y tensión. En tales casos, se requiere más tiempo que en la primera situación; pero no terapia de largo plazo.

Nadia

Nadia, de 25 años, sufría de pesadillas recurrentes de naturaleza sexual desde una edad temprana. Ella estuvo en tratamiento desde la edad de 15 años con diversos métodos, parte de los cuales hicieron que su cuadro empeorara ya que algunos terapeutas le dijeron que su problema residía en un abuso sexual que no recordaba. Al narrar estas pesadillas, Nadia trajo a la superficie una experiencia de su infancia en la cual su madre la llevó al médico porque sospechaba que podía tener parásitos. El examen tuvo lugar delante de su madre y de sus hermanos menores, y a pesar de que ella intentó resistir el chequeo, ella todavía recordaba que el médico la forzó a realizar el examen de todos modos.

El procesamiento del evento tomó dos sesiones. En la primera, trabajamos el sentimiento de humillación y en la segunda, trabajamos el sentimiento de desamparo que ella sentía. Después del procesamiento, Nadia me dijo que no solamente sus pesadillas habían desaparecido sino que ahora tenía sueños sexuales agradables relacionados con su deseo.

Ataques de ira

La esposa de Máximo lo amenazó con dejarlo si no trabajaba para resolver el tema de sus ataques de ira, dado que ella ya no estaba en condiciones de tolerarlos. El jefe de Ricardo amenazó con despedirlo, a pesar de respetar su profesionalismo, la próxima vez que tuviese un brote de ira en el trabajo. En ambos casos, el tratamiento fue similar: Primero localizar e identificar qué está en la base del trastorno y sus disparadores, y luego llevar adelante el procesamiento de esos eventos.

Lo que vale la pena saber
Muchas veces los ataques de ira derivan de eventos previos que causan un sentimiento de desamparo, frente a un peligro, o frente a la degradación. Por su naturaleza, la ira es una emoción importante — nos da energía para funcionar y nos protege cuando somos heridos. Sin embargo, a veces se sale de control y aparece de forma perjudicial, cuando incidentes menores disparan una reacción desproporcionada. Obviamente, esto está basado en situaciones mucho más severas que causaron el sentimiento de estar amenazado o herido, que fueron disparados por eventos recientes. Cuando se hace el procesamiento adecuado de este impacto en forma completa, los ataques de ira se atemperan o desaparecen definitivamente.

Desde un punto de vista terapéutico, cuando están involucradas consecuencias agudas, por ejemplo, el temor de ser despedido o el temor de una separación, lo primero es aplacar la situación. Esto significa que tenemos que abordar primero los eventos más recientes de modo que se vuelvan más tolerables. Luego, podemos trabajar hacia atrás y procesar los eventos de un período más temprano que están en el núcleo del trastorno o la inhibición.

Reacción postraumática a eventos extremos

Gregorio

Veinticinco años atrás, Gregorio fue testigo de un ataque terrorista y no recibió tratamiento. Sus actividades de negocios lo llevaron a otro país donde ocurrían terremotos en forma frecuente. La mayoría de los terremotos eran menores y no causaban grandes problemas, pero un día ocurrió un terremoto muy serio y dejó como saldo daños graves. En consecuencia, él sufrió ataques de pánico durante y después de cada terremoto que ocurría de ahí en adelante. Durante una visita a Israel, vino a verme durante varias horas cada día.

Después de una sesión de dos horas, el ataque terrorista dejó de ser para Gregorio una memoria traumática. Comenzamos por ese tema dado que un evento agudo como es el caso de un ataque terrorista puede causar una "cápsula" de emociones fuertes y de sensación de desamparo que podrían resurgir e intensificar su perturbación. En nuestras sesiones posteriores, nosotros trabajamos sobre la experiencia de los terremotos —primero sobre el terremoto principal, y luego sobre una serie de terremotos que fueron aumentando su estado de perturbación. Gregorio recordaba, por ejemplo, un episodio en el cual él iba conduciendo y cruzaba un puente mientras ocurría un terremoto pequeño e imaginaba que el puente se colapsaba y él moría. Además, de que su temor más grande era el tener que viajar en metro después de un terremoto.

Más tarde, nos enfocamos en los "disparadores" que actúan en el presente, por ejemplo, los terremotos menores. Finalizamos trabajando sobre el futuro, en escenarios en los cuales Gregorio estaba en la cama, en la ducha, en el metro, etc. Logramos completar el procesamiento sólo después de asegurarnos de que estos escenarios en su imaginación no causaran perturbación, y él se sentía lo suficientemente fuerte como para enfrentarse a los temores. Después de dos semanas, volvió a sus negocios; unos meses después me contó cómo se sentía. Gregorio ahora puede lidiar con terremotos menores, que ya no le impiden realizar su trabajo. Ya no es un prisionero de su pasado.

Lo que vale la pena saber

Incluso en el caso de dificultades objetivas que no pueden cambiarse (terremotos, por ejemplo, o vivir en áreas expuestas a ataques de misiles, etc.); nosotros podemos incrementar la capacidad de resiliencia a través de EMDR. El escenario de vivir nuestras vidas sin ninguna interrupción o sin ningún problema no es realista. Nuestra felicidad depende de nuestra habilidad de afrontar aquellos eventos y no necesariamente de nuestra habilidad para librarnos de ellos.

En lo referente a los eventos traumáticos recurrentes, tales como los terremotos o los ataques de misiles, trabajar sobre los eventos pasados crea resiliencia para eventos futuros. El trabajo sobre escenarios futuros se hace por medio de un protocolo que está orientado a crear recursos para enfrentar los problemas, junto con un plan de vida para el futuro.

Cuando la terapia no está funcionando

En algunos casos la terapia EMDR toma más tiempo para mostrar resultados. Por ejemplo, en los casos difíciles de problemas de disociación — una reacción aguda a una cadena de eventos traumáticos, tal como la explotación sexual continua a distintas edades. La disociación es una condición en la cual hay una desconexión o separación entre las experiencias o comportamiento de la persona y las otras partes de la mente consciente (pensamientos, sentimientos, memorias, acciones, sentido de auto-identidad). La disociación puede presentarse con diversos grados de severidad. Dado que en la disociación hay partes de la personalidad que están escindidas unas de otras, el trabajo regular con EMDR podría influir sólo sobre una parte específica. En tales casos la terapia EMDR no adaptada para tratar la disociación podría hacer que las cosas empeoren, por lo que hay una necesidad de trabajo integrador. Este libro no puede cubrir todo el alcance o la profundidad de estos casos pero yo estaría feliz de orientar a aquellos interesados hacia la información relevante. Hay varios estudios y libros publicados que tratan la forma de combinar la terapia EMDR con otros métodos específicos para tratar estas condiciones severas.

El EMDR puede ser menos efectivo cuando el problema proviene de un desequilibrio bioquímico, como la depresión o la ansiedad relacionadas a problemas tiroideos, deficiencia de vitamina B12, efectos adversos de drogas, etc.

Además, hay casos de clientes que esperan resultados inmediatos después de una sola sesión y abandonan la terapia si no experimentan emociones placenteras. El método EMDR es extremadamente rápido, pero usualmente no es una terapia de una sola sesión. La parte interesante es que el escepticismo no es un problema en sí mismo, dado que el EMDR no está basado en un efecto placebo. Mientras que usted trabaje apropiadamente, aún los clientes escépticos sentirán una mejoría. En mi experiencia con tales clientes, ellos tienden a estar gratamente sorprendidos. Yo personalmente diseñé "un formulario del cliente escéptico" en el cual el cliente escribe de su puño y letra los indicadores, antes y después de empezar el procesamiento de modo que podamos hacer comparaciones, y así permitirle percibir la mejoría por sí mismo. En mi experiencia, ningún cliente escéptico ha usado el formulario después de las primeras sesiones ya que puede ver cómo mejora su condición y encuentra útil la terapia.

A veces, el EMDR puede parecer un método simple, pero, en los hechos, tiene complejidades tanto al elaborar el programa terapéutico correcto (usando el EMDR como psicoterapia, y no sólo como técnica) como al asegurarse de que el reprocesamiento continúe hasta que todos los canales han sido evaluados. En ciertos casos, los clientes no cooperan con las instrucciones sobre cómo hacer el procesamiento en el consultorio, de ese modo enlenteciendo o a veces deteniendo el proceso. En tales casos, es natural que la terapia no funcione en su forma más efectiva, y el cliente sienta que tal vez esta terapia no es para él. De todos modos, estos casos pueden ser fácilmente resueltos. Al final de la sesión, si el cliente no se siente mejor, podemos analizar la situación y ver dónde yace el problema.

Héctor
Cuando Héctor me preguntó si la terapia EMDR podía ser de ayuda en los casos de tartamudeo, yo le contesté que valía la pena hacer la prueba. Dado que algunas formas de tartamudeo provienen de causas emocionales — aun cuando el tartamudeo no provenga en su origen de razones emocionales, sí empeora cuando se agrega el componente emocional — aliviar el estrés

podría ser de mucha ayuda. Localizamos la memoria en la que se inició el tartamudeo y la carga de estrés que implicaba. Antes del procesamiento, instruí a Héctor para que dejara que los eventos se desplegaran en su mente sin filtrarlos. Durante el procesamiento, todo lo que tiene que hacer es notar qué pasa durante el tiempo que deja a su cerebro hacer su trabajo, no importa adónde lo lleve su cerebro. Deje que lo que ocurre en su mente siga ocurriendo, sin controlar lo que aparezca. Desafortunadamente, Héctor ignoró mis instrucciones. Cada vez que él recordaba incidentes que ocurrieron a una edad posterior, él volvía a los eventos iniciales y trataba de hacer foco en ellos. Como resultado, el proceso se enlenteció hasta que se detuvo.

Lo que vale la pena saber

No hay problemas en una situación en la que las asociaciones libres hacen foco en una memoria específica. Sin embargo, en una situación en la que las asociaciones son filtradas en forma deliberada, el proceso no fluye en forma adecuada. Una gran parte del procesamiento podría formarse conectando la memoria a eventos posteriores, permitiendo al cliente expandir su punto de vista, experimentando eventos de la infancia como el adulto que es hoy. Por lo tanto, cuando se trabaja sobre una memoria y sus asociaciones, si esto lleva sus pensamientos a eventos posteriores — es muy importante permitir esto, a menos que las instrucciones del terapeuta sean diferentes. El supuesto de que los eventos que ocurren más tarde no son relevantes para el trabajo asociado con una memoria específica es un supuesto equivocado. La asociación de memorias es un proceso mediante el cual la memoria desconectada se conecta con la red de memoria adaptativa.

El EMDR no es uniforme. El EMDR no es tan simple como podría parecer. El riesgo de que el EMDR no funcione es mucho más alto cuando el terapeuta lo usa como una técnica en vez de usarlo como una psicoterapia. No se conforme con ir a un terapeuta con algún grado de entrenamiento en EMDR sino que asegúrese de saber cuánto y qué tipo de entrenamiento ha realizado (Los criterios que podrían ayudar a elegir un terapeuta EMDR pueden ser encontrados en el Apéndice D).

Además de los casos mencionados antes de disociación, o de síntomas por desequilibrio químico o por razones orgánicas, la mayoría de los clientes empieza a sentir mejoras en unas pocas sesiones después de iniciada la terapia, y la mejoría se incrementa a medida que las personas reprocesan un número creciente de eventos pasados que los impactan negativamente.

"Todo comenzó con una crisis conyugal, cuando descubrí que mi esposa me había estado engañando durante 12 años, y sentí que mi mundo se venía abajo. Hasta entonces, siempre pensé que yo era fuerte y estable y que no tenía necesidad de ayuda profesional, pero el shock y la inestabilidad me llevaron a pensar que aún, fuerte como puedo ser, necesito ayuda. Fue una de las decisiones más sabias que tomé.

Algo breve sobre mí: tengo 40 años con 2 hijos, un empleado en una empresa de alta tecnología con antecedentes académicos. Hasta la crisis, mi vida era muy predecible, de acuerdo al típico guión israelí: escuela secundaria, servicio en el ejército, funcionario, Sudamérica, universidad, novia, matrimonio, ir al exterior a estudiar, primer hijo, trabajo, segundo hijo, compra de la casa, y un buen trabajo rentable. Todo era perfecto, hasta que llegó la crisis que me despertó del coma a la vida.

La terapia comenzó durante la crisis conyugal. Al principio tuvimos que lidiar con la crisis mientras se estaba desarrollando. Pronto, gracias a las asociaciones causadas por los "instrumentos vibrantes" como yo los llamo (son en realidad dos pequeños dispositivos que vibran alternadamente) tuve claro que más allá de la actual crisis, había otras cosas en el pasado distante y reciente que yo necesitaba comprender, procesar y evitar que interfirieran en mi vida futura.

Inmediatamente después del divorcio, sentí un alivio muy grande. La carga que llevaba fue el camino que me había impuesto a mí mismo, en el cual me permití sufrir en silencio, en una mala relación con una mujer agria a quien yo siempre estaba tratando de complacer, mientras yo me dejaba de lado. Fue muy importante para mí comprender cómo fue que llegué a este punto y porqué. Sabía que yo era una persona buena y fuerte que tenía mucho de lo cual estar orgulloso pero los hechos revelaban que yo no vivía de ese modo - no con mi esposa, no con mi entorno (mis amigos, el trabajo). Así es como comencé la travesía que yo llamo EMDR 360.

Al principio, el tratamiento era algo extraño para mí. No nos sentábamos a hablar indagando mi pasado y mi alma. Por el contrario, yo lo sentía más bien como un experimento científico. Yo saco a la luz un evento traumático. Hasta cierto punto, yo defino el sentimiento negativo que me hace sentir. Yo sostengo los objetos vibrantes, cierro mis ojos y las asociaciones empiezan a salir a la superficie, imágenes de otros eventos; algunas eran muy antiguos, tan alejados como el jardín de infancia. Me sentía raro al principio y no sentía claridad respecto de cómo encajaban las cosas, pero la imagen eventualmente se aclaró. Muchas cosas tenían que ver con un fuerte sentimiento que yo he tenido durante muchos años de 'no ser lo suficientemente bueno'. Sin tener en cuenta el éxito, los títulos, los diplomas, los certificados de mérito en el ejército y en la universidad, el éxito en el trabajo, el ser un gran padre, las veces que 'fallé', aun cuando fuera en cosas menores, me hacían sentir como si yo no fuera lo suficientemente bueno.

Este descubrimiento fue un progreso enorme. Yo pensaba, 'Aquí yo puedo ver qué me está afectando. Yo podría no tener que continuar con la terapia'. Pero pronto se volvió claro que ser consciente de los problemas no alcanza para resolverlos. Yo tenía que confrontar estas cosas una por una, extinguir las brasas que aún ardían, y hacer que terminara la presión sobre mi subconsciente de modo que ya no puedan perturbar mi futuro funcionamiento. ¿Cómo se volvió esto claro? La vida me lo demostró. Por ejemplo, mi desempeño sexual inicial no fue tan bueno como yo esperaba. Yo no entendía cómo esto podía ocurrir, yo no tuve ningún problema cuando estuve casado, y aún después del divorcio a veces todo estaba bien y a veces no. El sentimiento de que yo no soy lo suficientemente bueno se me metió en la cama cuando entraban nuevas parejas, en especial las de mayor significado para mí. Como he llegado a aprender, cuando el subconsciente presiona, el cuerpo reacciona.

Así identificamos la 'raíz' del problema cuyas ramificaciones perturbaban las áreas romántica, profesional y familiar. En cada sesión, aclaramos los obstáculos que venían del pasado. Comenzamos con lo que parecían recuerdos triviales de la niñez, pero resultaron ser muy importantes porque ellos formaron mi patrón de comportamiento. Por ejemplo, en una de las sesiones, la imagen de la maestra de jardín de infancia que yo amaba y que murió de cáncer aquel año, reapareció. Después de la sesión, mientras conducía, la imagen volvió a aparecer súbitamente, y entonces me puse a llorar.

Pude entender que yo no había hecho el duelo, y me sentí culpable de no haberlo hecho durante todos estos años. Esto estimuló mi sentimiento de que yo no estaba actuando correctamente, y eso afectó otros eventos futuros. Tratar estos eventos hizo que se apagaran varias 'brasas ardientes', y en efecto, me liberó de los sentimientos negativos que yo tenía aún acerca de mí mismo.

Así proseguimos el tratamiento, a mayor velocidad, apagando las 'brasas' que me perturbaron todos estos años, que me hicieron sentir culpable, y como si no pudiera dar lo mejor de mí. Eso hizo que encontrara un término medio con mi ex esposa, todo porque 'yo no era lo suficientemente bueno', y merecía sufrir en silencio. Nosotros tratamos los aspectos íntimo, personal y profesional, y realmente logré, gracias al tratamiento, un giro de 360 grados.

Es difícil para mí describir el enorme impacto que este tratamiento ha tenido en mi vida, sobre cómo me conduzco en mi vida profesional, y también en mi vida personal -en mis relaciones, en cómo crío a mis hijos, y en mis amistades también.

Más importante aún, me siento infinitamente más fuerte que antes, preparado para lidiar con las dificultades y la incertidumbre sin temor porque ahora sé que no actuaré conforme a mi pasado y a mi falta de autoestima, sino, por el contrario, en base a mi creencia actual que valora mis habilidades para lidiar con los eventos aquí y ahora.

Este es sin duda el mayor regalo que me he dado a mí mismo, y ciertamente todo fue gracias al tratamiento que recibí".

Capítulo 4

Siguiendo adelante — EMDR para mejorar los logros Removiendo obstáculos psicológicos internos.

Muchas experiencias continúan afectándonos de forma inconsciente. La terapia EMDR permite al cliente ser consciente de las mismas. A partir de la comprensión interna (a diferencia de un comentario hecho por el terapeuta), el cliente ve cómo estos eventos le afectan y le hacen sentirse atascado. Además de adquirir conciencia, el reprocesamiento por medio de EMDR permite al cliente librarse de esas trabas.

Borja

Borja vino a mí para tratar su ansiedad de desempeño, pero mencionó que su ansiedad contenía un componente de temor a los extraños (por ejemplo, sentía temor de estar rodeado por extraños, aunque fuesen sólo unos pocos). En uno de los encuentros, me relató un punto de inflexión en su vida cuando estaba en quinto grado. En la ceremonia de graduación de la escuela, tuvo que subir al escenario y no pudo hablar. Recordaba esto como una experiencia horrible hasta tal punto que desde entonces trató de evitar la situación de tener que hablar en público. Retomamos la memoria del evento y le dije que permitiera surgir las asociaciones que vinieran sin dirigirlas. Al principio, Borja se vio a sí mismo leyendo un texto ante un público correctamente, y sintió que su nivel de ansiedad se redujo, pero no desapareció; algo todavía lo estaba afectando. Luego, no sólo se vio a sí mismo leyendo el texto sino realizando un impresionante paso de danza delante de todos los que estaban presentes allí. Los niveles de perturbación continuaron descendiendo, a pesar de que aún relataba un sentimiento de perturbación que acompañaba a esta memoria. Sólo después de que el procesamiento continuó pudo verse de pie sobre el escenario, paralizado de temor, sintiendo que la "corrección" era su propia mirada perdonándose. En ese punto, el sentimiento de perturbación que acompañaba a la memoria, desapareció.

Después de trabajar sobre la experiencia previa, Borja me dijo que sentía un nivel de ansiedad menor, pero que, sin embargo, aún retenía cierto temor de hablar en público. Mientras tratábamos de comprender qué lo estaba frenando, encontramos una memoria a la edad de cinco años cuando le extirparon las amígdalas. Esta memoria contribuyó a la creencia que él tenía respecto del daño que podían causarle los extraños. Cuando indagamos más en esta experiencia, salió a la superficie un gran sentimiento de rabia hacia sus padres. Sentía que no era importante para ellos, ya que no habían estado allí durante el procedimiento.

Las asociaciones le hicieron ver que mediante la rebelión y la resistencia, él había pasado los siguientes 40 años tratando de vengarse de ellos. Sus padres querían que fuese bien en la escuela, y por ello, él deliberadamente fracasaba. Cuando ellos quisieron que optara a un curso para ser oficial del ejército, se resistió. Debido a las altas expectativas de sus padres, invirtió mucha energía en no tener éxito (de acuerdo a los estándares de sus padres). Borja se dio cuenta que a causa del rencor hacia ellos, había pasado años tratando inconscientemente de fracasar. Por lo tanto, procesar la memoria no sólo lo ayudó a hablar ante extraños, sino que además le permitió cambiar otros aspectos de su vida, como por ejemplo su desempeño laboral.

Samuel

Samuel, un hombre de negocios, rico y exitoso, tenía dificultades con las inversiones en su propio negocio, que afectaban su desarrollo empresarial. Tratamos de comprender qué lo estaba frenando y así llegamos a las memorias de su infancia. Samuel creció en una pequeña casa en un vecindario relativamente acomodado donde el resto de sus amigos estaba en una posición socioeconómica más alta. Incluso, tuvo que dejar la escuela y ayudar a sostener a su familia. Procesar estas memorias lo ayudó a cambiar la visión sobre sus finanzas; cómo uno debería proceder, qué debería uno hacer para el bien de su negocio, y cómo no estar motivado por el miedo de gastar el dinero, algo que estaba en la raíz de lo que ocurrió muchos años atrás.

Daniel

Daniel, un hombre de más de 40 años con un empleo en una empresa de alta tecnología, vino a terapia con un problema personal. En un intento por conocerlo mejor, le pregunté, entre otras cuestiones, acerca de su carrera y de su seguridad laboral, y si alguna vez había considerado la posibilidad de convertirse en un emprendedor auto-empleado, y así seguir adelante por sí mismo. Daniel me contestó, "Olvídese de eso. Yo no soy bueno con el dinero y el comercio".

Como cualquier otra creencia negativa, ésta también fue aprendida de una experiencia previa. Resultó ser que una experiencia en un campamento de verano reforzó esta creencia. Cuando tenía seis años, y una vez en el campamento, cada niño tenía que traer algo para intercambiar con otro niño. Daniel y sus padres se olvidaron de este detalle y entonces él fue al campamento ese día con las manos vacías. La única cosa que podía intercambiar era su pañuelo favorito para la cabeza; lo que recibió a cambio fue algo de papel negro. Volvió a casa llorando y cuando le preguntaron el porqué, le contó a sus padres la historia. Ellos se rieron de él y le dijeron: "Es mejor que no te dediques a los negocios. No es para ti". Aquello, que parecía ser una broma inocente de sus padres, terminó creando una creencia negativa sobre sus habilidades. A la edad de 45 años, y después de obtener un doctorado en su especialidad, aún seguía teniendo miedo de hacer negocios. Como resultado de procesar esta memoria, además de su trabajo durante el día, Daniel comenzó a trabajar también de forma independiente.

Ricardo

Ricardo vino a verme con muy baja autoestima y sentimientos de fracaso constante. Durante uno de nuestros encuentros me dijo: "Durante nuestra última sesión vino a mi mente algo completamente no relacionado". Le respondí que durante el procesamiento no juzgamos si los contenidos que van surgiendo son relevantes o no. Los detectamos y luego la conexión de ellos con la persona se vuelve clara. Me dijo que vio una cortina que se cerraba y luego una bicicleta. "¿Qué podría eso tener que ver con el tema de no ser lo suficientemente bueno?", me preguntó. Yo no le podía dar la respuesta pero le prometí que todo se revelaría por sí mismo en su debido momento.

Después de otra ronda de reprocesamiento, Ricardo no podía creer lo que había recordado. Me dijo que cuando tenía cuatro años de edad y su hermana menor tenía tres, ambos recibieron bicicletas de regalo. Su hermana aprendió a montar en bicicleta antes que él. Esta historia se volvió una broma familiar y la memoria de ese evento se volvió el núcleo del sentimiento de fracaso de Ricardo. Nuestro procesamiento sobre una serie de eventos similares le permitió a partir de entonces poder seguir adelante con un nuevo sentido de habilidad y autoconfianza.

Lo que vale la pena saber

Muy a menudo los supuestos negativos que los clientes tienen de sí mismos son aquellos que los miembros de la familia ayudaron a crear, aunque no fuera deliberadamente. Siempre escucho con mucha atención cuando un cliente describe un chiste familiar ya que usualmente hay una historia dolorosa detrás de él. Tales incidentes parecen inocentes, pero suelen dejar un gran impacto debido a la edad temprana en la cual ocurrieron. La memoria no procesada atrapada en una "cápsula" no tendría que tener tal impacto si ocurriera hoy, sin embargo, tiene una fuerte influencia porque los eventos que la generaron ocurrieron a una edad en la cual somos frágiles.

Las personas usualmente perciben que muchas de sus características no pueden ser cambiadas. A menudo, no se trata de cambiar un rasgo de la personalidad, sino más bien de tener confianza en que una creencia o un supuesto interno negativo puede ser modificado para bien con el debido procesamiento, en un corto período de tiempo.

Manuel

En pocos años, Manuel, de 60 años de edad, perdió a un hermano a causa de una enfermedad, y a una hermana en un accidente de tráfico. Manuel se veía como un hombre fuerte y sentía que podía lidiar con el sentimiento de pérdida por sí mismo. Vino a mí contándome primero sus dificultades para conversar con extraños, pero aunque había probado varios métodos, aún no podía resolverlo. Pese a que, poco tiempo atrás, había experimentado aquellas pérdidas devastadoras, había sólo una cosa que lo molestaba, que era algo basado en un sentimiento de degradación originado en su infancia. Esto era porque hoy tenía la capacidad de lidiar con las pérdidas que experimentaba siendo un adulto, pero cuando era niño le fue mucho más difícil lidiar con eventos traumáticos menores, período durante el cual esas "cápsulas" de memorias traumáticas fueron creadas.

Lo que vale la pena saber
El efecto adverso de un incidente menor a una edad en la que no tenemos recursos suficientes para lidiar con él, puede ser mucho más grande que el efecto de un evento similar a una edad mayor, cuando tenemos más recursos a nuestra disposición. Lo que determina si la cápsula será creada o no son los recursos disponibles en el momento en que ocurrió el evento, no hoy. Así es cómo las cápsulas se pueden manifestar en hombres y mujeres que son muy exitosos, pero que al mismo tiempo se sienten avergonzados, o fracasados, o tienen temor a figuras de autoridad debido a eventos que tuvieron lugar cuando eran más débiles o más jóvenes. Suelo encontrar personas muy exitosas con muy baja autoestima. Si esto no cambia, existe el peligro de que estos sentimientos se revivan de modo que, por ejemplo, un niño maltratado puede convertirse en un jefe maltratador, etc.

Usualmente, dos cosas crean "cápsulas" emocionales. La primera es un incidente agudo y estresante, y la otra es un incidente ante el cual no contamos con los recursos que nos permitan elaborarlo de manera adecuada. Esto puede ocurrir a una edad temprana, aunque a veces también puede ocurrir en otras situaciones en las cuales estamos débiles a causa de la sorpresa, la enfermedad, las drogas o el alcohol.

Dilaciones
Maya
Maya, durante su carrera en ciencias exactas, se dio cuenta que ella necesitaba concentrarse más en estudiar. Ya había visto qué le pasaba a sus notas cuando lograba concentrarse en el estudio y cuando no lo lograba debido a las distracciones. A pesar de este hecho, no podía enfocarse en estudiar en el momento en que debía hacerlo.

Lo que vale la pena saber
Las dilaciones pueden ocurrir por diversos motivos. Más de una vez me encontré con clientes que se estresan y sufren

porque se ponen a estudiar para un examen en el último momento. De hecho, ellos crean una conexión entre el estudiar para una prueba y el sufrimiento. Esta situación crea un círculo vicioso que causa disuasión, que la próxima vez conducirá a estudiar en el último momento otra vez. Algo similar a lo que les ocurre a las personas que tienen temor a ir al dentista, y por lo tanto, postergan la consulta hasta que la situación se vuelve intolerable. Debido a la demora en consultar, el tratamiento causa dolor y sufrimiento, lo que hace que traten de evitar el tratamiento dental futuro. Trabajar sobre los eventos del pasado que crearon este círculo vicioso es la forma de hacer que se detenga.

El temor al fracaso también puede causar dilaciones. Con el fin de evitar una situación en la que uno estudia para un examen y obtiene una baja nota, algunos estudiantes directamente prefieren evitar estudiar, de tal manera que la explicación del fracaso es más fácil que tener que afrontar el desafío, o porque ellos piensan que no tiene sentido estudiar si de todos modos van a fracasar. Procesar los eventos que causaron la conexión entre el aprendizaje y el temor al fracaso lleva a cambiar este patrón de conducta destructivo.

Isabel

Cada vez que Isabel tenía que estudiar para un examen, se sentía increíblemente cansada. Empezaba a bostezar incontrolablemente y casi se quedaba dormida. Se levantaba a la mañana siguiente y apenas tomaba un libro se ponía a bostezar hasta que abandonaba la tarea. Durante la terapia buscamos las experiencias del pasado que pudieran explicar esta dificultad. Recordaba que muchos años atrás se mudó al extranjero donde tenía que trabajar durante la noche y estudiar por el día. Durante esa época, estaba muy cansada pero tenía que estudiar de todas formas, y debía hacer un gran esfuerzo para mantenerse despierta. La experiencia creó una conexión entre el acto de estudiar y la situación de sentirse increíblemente cansada. Al principio, le resultaba difícil el trabajo sobre esa memoria, pero al final pudimos lograr romper la conexión entre el estudiar y el cansancio, de manera que Isabel le pudo comenzar a estudiar durante largos períodos de tiempo sin el síntoma de sentirse agotada y sin sufrir constantes bostezos.

Lo que vale la pena saber

Cuando nuestro comportamiento está fuera de control, muchas veces es el resultado de una experiencia cuyos efectos están almacenados en nuestro cerebro dentro de una "cápsula", en su forma "en bruto", porque no fueron debidamente procesados en tiempo real. Con EMDR, nosotros podemos identificar la cápsula y, mediante el procesamiento de los eventos que contiene, cambiar nuestra respuesta automática.

José

José era el dueño de un negocio exitoso, pero cuando necesitaba concentrarse en el desarrollo de su negocio, se encontraba haciendo otras cosas. Cada tarea que tenía que finalizar en un plazo preestablecido, sólo la podía hacer bajo un gran estrés, dado que sabía que no tenía otra opción y que tampoco tenía más tiempo. Si no estaba comprometido con alguien para finalizar a tiempo, dilataba las tareas, aun cuando era consciente de este patrón de conducta. Trabajando sobre el tema, descubrimos una memoria que tenía un impacto significativo en su actual comportamiento.

José recibió una herida mientras estaba en el ejército y, a causa de eso, tuvo que dejar la prestigiosa unidad a la que estaba asignado. Como consecuencia, sintió como si hubiera fracasado y este sentimiento lo acompañó durante dos décadas. Desarrolló una serie de pensamientos negativos que incrementaron sus dilaciones debido al concepto de que el producto de su trabajo era valioso siempre y cuando fuera realizado mediante un duro esfuerzo y sólo un gran esfuerzo podría compensar su sentido de fracaso. Como ciertas tareas que realizaba fácilmente no tenían sentido para él, las hacía inconscientemente más difíciles dilatando los tiempos y dejando tareas pendientes de modo que el objetivo sólo sería alcanzado mediante un gran esfuerzo de su parte. Durante el procesamiento, José reconoció otros campos en su vida en los cuales procedía de esta manera, hasta que logró conectar este patrón con otros casos en los cuales tomaba demasiada responsabilidad para que no pudiera manejarlos fácilmente. Después de tres sesiones en las cuales reprocesamos el tema de su herida en el ejército, su decepción por tener que dejar la prestigiosa unidad y los sentimientos ligados a este incidente, comenzó a rechazar asumir tareas más allá de cierto límite, poniendo fin así al círculo vicioso entre la sobrecarga de trabajo y las dilaciones.

Otra de las cosas en las que José tenía dificultades era cuando tenía que delegar. Le costaba mucho recurrir a un profesional, incluso en el caso de reparaciones del hogar, y prefería hacerlas por sí mismo. La memoria que encontramos que estaba conectada con este patrón provenía de cuando estaba en quinto grado y llevó a su perro a la veterinaria, que resultó ser una veterinaria para animales de granja y no para animales domésticos. Como resultado de un error de tratamiento, el perro de José murió y ese evento creó una nueva cápsula dentro de su memoria con la creencia negativa de que "no hay que confiar en nadie". Después de procesar esta memoria, José me dijo que por primera vez en su vida llamó a un electricista y a un jardinero para que realizaran tareas en su casa.

Mejorando el desempeño para alcanzar mejores logros

Santi

Santi era un músico que solía dar conciertos y, como muchos músicos, se sentía muy ansioso antes y durante la actuación. Su manera de manejar las presiones antes de venir a verme era igual a la de muchos otros músicos — principalmente alcohol y drogas. Lamentablemente, el alcohol y la marihuana a veces incrementan la ansiedad y pueden causar dependencia psicológica — un sentimiento de que son necesarios para tener éxito.

Primero, trabajamos los incidentes previos que le hicieron creer que no era lo suficientemente bueno. Este sentimiento aparecía justo antes de las principales actuaciones, incrementando el nivel de ansiedad y afectando su desempeño. Luego, nos concentramos en el trabajo futuro, antes de las actuaciones. Santi debía imaginar una actuación en la cual se sentía seguro mientras estimulábamos ambas partes de su cerebro intermitentemente con el fin de fortalecer las sensaciones de la experiencia, no sólo cognitivamente sino también desde el punto de vista mental y físico. Después de conectar con estos sentimientos, debía imaginar el lugar en el cual tenía que actuar y dejar surgir la sensación de estar conectado sólo con la música, para que ningún otro estímulo pudiera interrumpirlo.

Como resultado del trabajo que hicimos juntos, dejó de ser dependiente de medios externos de relajación aunque aún seguía consumiendo, no por necesidad, sino por la presión de sus colegas. Procesar muchas memorias adicionales lo volvió finalmente inmune a la presión de éstos. Antes del procesamiento, las memorias de que algunas miradas lo hacían sentirse ajeno al grupo o de que alguien se reía de él, lo hacían romperse y recurrir a las drogas. Después del procesamiento, se sentía orgulloso de decir que no. Y aun si el resto de la banda lo criticaba, no dejaba que esto lo afectase.

Lo que vale la pena saber

Al trabajar con escenarios futuros con EMDR, el cliente reconoce sus recursos asociados a la emoción y a las sensaciones que lo ayudarán a sobrellevar las tareas futuras de una manera más exitosa. Los recursos pueden ser, por ejemplo, la sensación de habilidad, de determinación, de asiduidad y de autoconfianza. Lo que hacemos es volver a la memoria que se relaciona con esa sensación específica. Puede ser su memoria, la de alguien que usted conoce, o incluso una memoria tomada de un libro o de una película. Después de captar la memoria elegida, nos esforzamos por lograr la sensación más accesible y vivaz usando un breve estímulo bilateral. Cuando es accesible y el cliente la siente, se le pide que reviva el escenario o la tarea en cuestión con esta buena emoción que la acompaña en su mente. El proceso requiere de algunos minutos hasta que el cliente siente que ha completado la tarea exitosamente. En caso de que se presenten dificultades durante el procesamiento — por ejemplo, si la persona se ve a sí misma como fracasando en el intento — trabajamos la imagen interna del futuro fracaso como si se tratara de una memoria del pasado y de este modo completamos el procesamiento hasta que se vuelve positivo otra vez.

Esteban

Esteban comenzó su entrenamiento para participar en una maratón, y luego compitió en la carrera muchas veces. Durante su último entrenamiento, abandonó todo a la mitad ya que sentía que era demasiado exigente. Desde entonces, se sintió incapaz de reiniciar su preparación, y tenía miedo de revivir la necesidad de parar en el medio de la próxima carrera. Procesamos esta memoria y simultáneamente trabajamos sobre sus planes futuros de competir en la próxima maratón. Después de esto, Steve me dijo que no sólo pudo completar la carrera hasta el final sino que fue uno de los primeros en cruzar la línea de llegada.

Benedicto

Benedicto se estaba preparando para competir en una maratón después de que pasaron dos años sin haber corrido. Se entrenó, pero sentía que no estaba mejorando tanto como hubiera deseado. Debido a la falta de tiempo, nos conformamos con trabajar con un protocolo EMDR que se enfoca en el futuro. Más tarde, me dijo que los resultados de su carrera habían mejorado en 28 minutos respecto de la anterior.

Eduardo

Eduardo vino a verme cuando se estaba acercando el último semestre del final de su carrera. Sólo le quedaban unos pocos exámenes para concluir la carrera y obtener el título. Logró llegar a ese momento a pesar de la ansiedad ante los exámenes que sufría desde la escuela secundaria. Este último semestre había sido particularmente duro para él y por eso tenía temor ante los próximos exámenes. Empezó a evitar estudiar. Trabajamos en la relación entre el EMDR y el futuro, en el que Eduardo se veía a sí mismo estudiando calmadamente en los días previos al examen, acabando en calma el examen y volviendo a su casa sin problemas. Esto fue lo que finalmente ocurrió.

Beltrán

Beltrán vino a verme después de completar un tercio de su licenciatura de cinco años. Era inteligente y perceptivo, pero no podía lograr sentarse y estudiar. Se anotaba en cursos pero no se presentaba a los exámenes correspondientes. Con EMDR, se pudo ver en el futuro, sentado y estudiando hasta el final. Después de eso, logró hacer el siguiente examen y así comenzó el proceso de mejora. Finalmente, pudo completar los últimos dos tercios del programa de su licenciatura en dos años.

Lo que vale la pena saber

Trabajar sobre el futuro puede ayudar a desarrollar poderes para superar los próximos desafíos, pero no es un sustituto del trabajo sobre el pasado. Como mencioné antes, si no tratamos el problema desde la fuente, tarde o temprano reaparecerá. Por lo tanto, trabajar sobre el futuro con EMDR es correcto antes de una tarea, al final de una sesión si sólo quedan pocos minutos y ya no queda tiempo para abrir otra memoria del pasado, y por supuesto, después de finalizar con éxito el trabajo sobre los eventos del pasado y los disparadores presentes para completar la terapia.

Una de las ventajas más importantes de EMDR es que la capacidad de manejar los problemas permanece en el cliente durante largo tiempo. Esto se debe a que los poderes trabajan desde adentro y no desde afuera. En otras palabras, no es una idea o una sugerencia que proviene del terapeuta. En EMDR abordamos el contenido personal de cada individuo. Por ejemplo, si la dificultad reside en concentrarse para un examen de la universidad, localizaremos juntos una memoria del cliente, no necesariamente relacionada al estudio, cuando se sentaba y trataba de concentrarse. Encontraremos, por ejemplo, ese momento de su infancia, en el cual se sentaba durante horas a armar aviones de juguete. El tratamiento ayuda a la persona a conectarse con el sentimiento o la sensación necesaria y a usarlas para lidiar con los desafíos del futuro.

Crecimiento personal

Gabriel

A pesar de que Gabriel tenía éxito en su trabajo, y su hermano, en cambio, había estado empleado sólo unos años, Gabriel estaba viviendo con el sentimiento constante de que estaba a la sombra de su hermano mayor. Trabajamos sobre muchas memorias, entre ellas una memoria de la infancia en la que los padres de Gabriel forzaron a su hermano mayor a jugar e integrar a Gabriel dentro de su grupo de amigos, pero el no se sintió bienvenido.

Trabajamos a un ritmo de una memoria por sesión hasta que Gabriel dejó de sentir emociones negativas cuando recordaba esos sentimientos otra vez. Gabriel mostró enormes progresos, sin embargo, sentía que había algo de su hermano que aún le molestaba. En medio del procesamiento de una de las memorias más tardías, surgió una asociación que Gabriel no había recordado antes. Cuando tenía 5 años de edad y su hermano mayor tenía 7, su madre los llevó a ver un espectáculo de mimo. Cuando el actor eligió a un niño de la audiencia para que subiera al escenario, el niño elegido fue Gabriel. Sorprendentemente, su madre tomó la mano del actor y la puso en la mano del hermano mayor de Gabriel, entonces su hermano, no Gabriel, fue quien subió al escenario. Esta memoria no era accesible para Gabriel en su día a día, pero cuando la recordó sintió una fuerte emoción negativa. Este evento estaba en la base de las emociones que frecuentemente activaban el sentimiento de que su hermano era el hijo preferido y de que estaba viviendo bajo su sombra.

Lo que vale la pena saber

Con la ayuda de EMDR, podemos reconocer rápidamente los efectos de experiencias tempranas negativas sobre nuestras vidas en el presente y neutralizarlas. Muchas veces estas experiencias trabajan desde dentro de nosotros como una pequeña voz crítica. Con la ayuda de EMDR, podemos reconocer las experiencias clave que crearon la historia interna que nos perjudica y cambiarla por una narración más positiva. Después de una terapia exitosa en la que se completa el procesamiento de los eventos, no hay necesidad de luchar contra esa voz y "golpearla", como muchos tratan de hacer, como tampoco hay necesidad de eliminarla. Nuestra energía no necesita mostrar auto-moderación ante los eventos del pasado. La energía invertida en el esfuerzo de "No dejaré que esta pequeña voz gane", "Lucharé contra ella", "Cambiaré esta historia interna otra vez", puede ser direccionada hacia el presente y hacia los futuros progresos personales.

Es verdad que uno puede progresar por medio del esfuerzo aún cuando "nuestros pies estén encadenados" — eventos previos que nos arrastran hacia abajo y hacen que avanzar sea difícil — pero uno puede moverse hacia adelante más fácilmente después de que esas cadenas han sido removidas. El EMDR puede remover esas cadenas.

Capítulo 5

Demostración del análisis EMDR en un campo específico: el temor a hablar en público

El temor a hablar en público es un problema relevante para diversos grupos de clientes. En este capítulo explicaré de qué trata el temor de hablar en público, daré un detalle de sus posibles causas, hablaré sobre qué se puede hacer como "primeros auxilios" y explicaré cómo puede ser erradicado. Es importante enfatizar que a pesar del hecho de que las explicaciones siguientes abarcan el temor a hablar en público, las explicaciones se pueden aplicar a otras inhibiciones que hacen que el funcionamiento de una persona en tiempo real sea difícil.

La expresión temor a hablar en público se usa para describir varias condiciones, tales como: el temor a hacer presentaciones (tareas complejas), la ansiedad ante los exámenes, o la ansiedad de desempeño, ya que, en todas estas situaciones, uno está siendo evaluado por "jueces" y hay inquietud por desempeñarse de la mejor manera posible.

Hay personas cuyas dificultades en este campo se conectan con un sentimiento de baja autoestima, o el sentimiento de ser un perdedor, etc.

Algunos incluso sienten temor de ponerse de pie y decir su nombre y su profesión. En estos casos, el problema no es el temor a fracasar al realizar una tarea, sino la de estar en el centro de la atención de los demás.

Otras personas tienen temor de hablar en presencia de extraños pero no necesariamente ante un gran grupo de gente. En otras palabras, estos individuos no sentirán dificultades ante un gran grupo de personas a las que conocen, pero la presencia de incluso un pequeño número de personas que no conocen será suficiente para hacer que no puedan decir ni una sola palabra.

Otras personas tienen problemas para hablarle a una cámara, no en presencia de gente. La situación causa una gran incomodidad aun en el caso de que ellos se encuentren a solas en una habitación.

El temor a hablar en público, como otros temores, tiene su causa en momentos en los que se ha creado una conexión entre una situación y unos sentimientos desagradables. Algunas veces tiene que ver con un cierto fracaso, que es similar al temor por situaciones futuras como cuando uno tiene un mal día, fracasa, obtiene una respuesta negativa o causa risa en los demás, y a partir de ese momento, evita situaciones similares.

A veces, podemos ver personas que han sufrido algo que los ha hecho sentirse como extraños o excluidos a una edad temprana — tartamudeaban, eran pobres, usaban ropa diferente, eran extremadamente altos o bajos, gordos o flacos, o usaban gafas desde pequeños. Esto significa que la experiencia pasada contribuyó a la conexión que tienen ahora entre estar la situación que los puso en el centro de atención y los sentimientos desagradables. En muchos casos, la conexión entre el evento que está en el centro del temor y el temor en el presente es inconsciente. Las personas se sorprenden al enterarse, durante la terapia EMDR, los poderosos efectos que estos eventos tienen sobre ellos, sin ser conscientes de ellos. Por ejemplo, un cliente que había estudiado en un colegio religioso y luego pasó a una escuela secular. En la escuela religiosa, los alumnos se ponían de pie y saludaban al profesor cuando entraba a la clase. En su primer día en la escuela secular se puso de pie y saludó al profesor, como estaba habituado, pero fue el único que lo hizo. Los otros niños se rieron de él y lo ridiculizaron. Desde entonces, tenía dificultad en las situaciones en las que él estaba de pie y los demás estaban sentados. Era consciente de la dificultad pero no la había conectado con la memoria del pasado, de modo que el conectar a las dos pudimos reprocesar la más lejana y cambiar la más cercana en el tiempo.

Así fue como trabajé, por ejemplo, con un hombre religioso de 60 años que tenía temor a hablar en público. Cuando fuimos hacia atrás en el tiempo, él tenía una memoria de la escuela primaria cuando, a la edad de 5 años, le pusieron en una silla y le obligaron a hablar. Todas las miradas parecían amenazarlo, por lo tanto, se quedó sin palabras. En este caso, procesar esa memoria única ayudó al cliente de manera decisiva.

Con otro cliente, el miedo estaba conectado con el miedo a los extraños, que comenzó cuando fue sometido a un examen médico a una edad muy temprana, y este recuerdo permaneció activo en su memoria como "los extraños me hacen daño". El trabajo sobre el incidente le ayudó a expresar su opinión con más frecuencia.

Tales experiencias, sean conscientes o no, conducen a evitar las situaciones en las que el cliente podría tener que hablar delante de una audiencia. Hay una diferencia entre el acto de evitación que proviene de la falta de herramientas — "Sólo si ensayo y me preparo bien sabré si puedo hacerlo" — y aquellos en los cuales el problema no es el número de ensayos previos.

Lo que les pasa durante los momentos en los que tienen que hablar delante de una audiencia es similar a lo que les pasa a los que padecen ansiedad por un examen — pueden saber el material perfectamente, pero cuando van a escribirlo, no recuerdan nada. Después del examen, recuerdan otra vez todo. Otros directamente organizan sus vidas de modo que evitan tener que hacer un examen o tener que hablar en público, para no exponerse.

A veces, las personas sufren ansiedad por una variedad de causas; el temor a hablar en público es sólo uno de los contextos específicos. Tal vez, notan el temor a hablar en público porque eso los bloquea profesionalmente, pero si examinan sus vidas, podrán ver más y más lugares en los cuales se restringen y participan lo menos posible. Si la consciencia no es suficiente y el esfuerzo no alcanza, ir a terapia es la mejor opción.

Los músicos y otras personas que actúan con frecuencia delante de audiencias suelen tener la concepción errónea de que ensayar muchas veces hará que el temor a hablar en público desaparezca. Una vez acudí a un seminario en el que uno de los participantes era un músico que dijo que tenía temor a hablar en público. Todos se rieron y pensaron que era una broma. Él es un músico relativamente conocido que actúa muy a menudo, entonces, ¿cómo es esto posible? Durante el descanso fui a hablar con él y le dije que yo sabía que no estaba bromeando porque tuve clientes que son músicos y que tienen temor a hablar en público.

Es común en la industria de la música, "aliviar" la ansiedad con alcohol y drogas — lo que incrementa la ansiedad. Cuando la ansiedad proviene de un evento temprano que fue reactivado, la exposición constante no necesariamente alivia la carga sino que puede presionar una y otra vez allí donde duele. Además, cuando el problema no se resuelve de raíz, cualquier cambio en las circunstancias puede reprimir la cápsula original y la ansiedad volverá a aparecer. Si usted está acostumbrado a hablar delante de veinte personas y es invitado a hablar delante de doscientas, la ansiedad puede reactivarse. Si usted está acostumbrado a hablar delante de doscientas personas, y lo invitan a hablar delante de mil, la ansiedad también podría volver. Si usted está acostumbrado a hablar en inglés y fuera invitado a hablar en otro idioma, la cápsula puede verse presionada. Esto ocurre así porque, hasta que el evento original no sea procesado completamente, la cápsula original permanece allí, en espera de ser activada en cualquier momento.

¿Qué le pasa a nuestros cuerpos en tiempo real durante la ansiedad?

Nosotros tenemos dos sistemas operativos en nuestros cuerpos — uno para la emergencia y otro para la rutina. Cuando nos estresamos por algo que percibimos como una amenaza, nuestros cuerpos pasan a funcionar mediante el sistema de emergencia. Bajo el sistema de emergencia, la sangre y otros recursos dejan los lugares menos vitales y son canalizados hacia los sistemas más vitales, como nuestros miembros inferiores. De los tres sistemas considerados menos vitales, uno está más relacionado con el temor a hablar en público.

El primer sistema afectado es el sistema sexual, dado que es considerado "sólo un extra" en momentos de peligro.

El segundo sistema es el sistema digestivo. En los momentos de estrés puede haber dolores de estómago, diarrea, náuseas, o vómitos, dado que el cuerpo, en situación de emergencia, no necesita alimentarse y necesita derivar la sangre hacia los órganos vitales.

El tercer sistema afectado es el neocórtex, el centro superior de pensamiento en nuestro cerebro. Por eso en condiciones de estrés está afectada la habilidad de pensar claramente. A este nivel, las personas no pueden recordar cosas que recordaban un minuto antes. Sienten una especie de intensa inquietud y un fuerte deseo de alejarse del lugar donde están. Se trata realmente de un instinto de supervivencia.

El nivel con que se afecta la habilidad de pensar puede ser extremadamente alto en los casos extremos de ansiedad. Tuve un cliente que era una gerente de alto rango en una empresa con varias sucursales. En cierta ocasión, ella tuvo que hacerse una prueba psicológica. El examinador le preguntó, "¿Cuánto es siete menos cuatro?" como pregunta filtro. Ella no pudo contestar y tuvo que irse del lugar.

Desde luego, incluso dormida ella sabía la respuesta, pero se quedó en blanco en la situación de estrés agudo debido al efecto del modo de emergencia en el que entró su cuerpo. No importa si conocemos bien el material, o cuántos ensayos realizamos previamente, la respuesta correcta no estará disponible para nosotros. Una vez que la situación estresante pasó, volvemos a tener acceso a este material. A menudo pasa que creemos saber exactamente qué hacer en estas situaciones, pero cuando ocurren, no sabemos cómo resolverlas. Nos decimos a nosotros mismos, "En el nombre de Dios, ¿qué fue eso?". Esto tiene que ver con las reacciones psicológicas del cuerpo cuando se activa el sistema de emergencia.

Por supuesto, hay diferentes niveles de ansiedad. Hay algunos que sufren las formas más severas, y otros, que sufren un nivel de ansiedad más manejable, pero a veces incluso un nivel bajo de incomodidad para nuestro cuerpo es suficiente para que tratemos de evitar completamente la situación que nos causa estrés.

Por ejemplo, si viajamos en autobús, nos bajamos en un punto de observación y luego volvemos a subir al autobús pero no nos sentamos exactamente en el lugar que estábamos antes, experimentamos un cierto grado de malestar. Este malestar es debido a la activación de una pequeña parte de nuestro cerebro que se encarga de detectar los riesgos. Cuando revisamos el lugar donde nos sentamos y nos damos cuenta que se trata de un lugar diferente, surge una incomodidad. En este caso, se trata de una incomodidad relacionada con el nuevo lugar en un autobús. Aunque se supone que es un lugar igual de seguro respecto del que estábamos antes, al aparecer una cierta incomodidad, sentimos la necesidad de volver al mismo lugar anterior. El temor a hablar en público trabaja de la misma manera. Incluso un bajo nivel de incomodidad puede causar que la gente evite, aun inconscientemente, las oportunidades de hablar ante una audiencia.

El temor a hablar en público no es un tipo de problema muy grave; sin embargo, nos lleva a conductas de evitación y a situaciones incómodas. Recomendaría notar que no se debería postergar la consulta profesional hasta el punto en que el cliente no puede tolerar la situación.

En otras palabras, no espere para pedir ayuda si usted ha llegado al punto de sentir malestar. Además, aún cuando la situación sea percibida como tolerable, es posible recurrir a la terapia para lograr una gestión más adecuada en estos casos.

Primeros auxilios para el temor a hablar en público

Una de las cosas que podemos hacer cuando estamos a punto de salir al escenario o estamos a punto de empezar la presentación y nos sentimos ansiosos — por ejemplo, si usted siente la boca seca (el sistema digestivo se está cerrando) — es crear saliva o tomar agua. Esto hace que el sistema digestivo comience a trabajar otra vez y el sistema digestivo le indica al cuerpo que esta es una situación regular, no una emergencia. Esto se parece a las viejas películas inglesas en las que vemos a los personajes decir, "Mi señor, todos han muerto. Vamos a tomar algo de té y descansar". ¡¿Qué tiene que ver el té con lo que acaba de ocurrir?! Pues bien, el tomar algo ayuda a que el sistema de rutina vuelva a funcionar y le diga al sistema de emergencia que ya puede calmarse.

Lo que los tratamientos psicológicos ofrecían para el temor de hablar en público en el pasado y lo que ofrecen hoy

En el pasado, había métodos que eran poco efectivos para el temor a hablar en público, como por ejemplo, hablar acerca del pasado y hacer preguntas como: ¿qué significa el temor a hablar en público para usted?, ¿cómo es este temor?, ¿cómo contribuyeron sus padres a crear este temor?, etc. Esto está basado en la concepción errónea de que tomar conciencia del problema es suficiente para inducir un cambio.

Hoy podemos usar muchos métodos, como la terapia cognitiva que ayuda a los clientes a revelar los pensamientos negativos que condujeron a las emociones negativas, y luego tratar de ayudar a las personas a pensar de otra manera. Por ejemplo, "Debo ser perfecto, de lo contrario no vale la pena" o

"Debo funcionar bien. si no algo horrible pasará". Este tipo de pensamientos se explica como ejemplo de pensamientos negativos y se intenta crear los argumentos contrarios. El problema con esta técnica es que se trata de luchar contra las creencias negativas, y no contra la razón de esas creencias. Hay, a veces, algún nivel de éxito pero no tanto como nos gustaría.

En otras formas de terapia, donde se aplica la terapia de exposición, las personas practican, practican, practican y lentamente el temor se calma. Lamentablemente, el temor se calma para las características específicas de la exposición, de modo que cuando éstas cambian — como cuando el tamaño de la audiencia cambia o cuando cambia el idioma en el que tenemos que exponer — el proceso de exposición necesita ser repetido.

Por otro lado, hay personas que practican, pero lo que en realidad están acumulando son experiencias de fracaso con respecto a la práctica en sí misma — y así aparece más perturbación... Practicar por encima de un cierto nivel de ansiedad puede conducir desafortunadamente a una escalada.

Otro método se denomina bio-retro-alimentación (en inglés, biofeedback), en el cual la persona es alentada a ganar más control sobre sus funciones corporales y dirigirlas hacia la relajación — por ejemplo, para regular la respiración. Aquí también hay un problema similar al tratar de cambiar el comportamiento y no su causa.

En comparación con todos estos métodos de tratamiento, el marco de referencia del EMDR es diferente — la razón de nuestro comportamiento no es el miedo, ni los pensamientos negativos. Estos son síntomas — síntomas de una cápsula temprana o cápsulas de memoria de eventos del pasado que fueron mantenidos en su forma "en bruto".

Lo que hacemos para manejar estos síntomas en EMDR tiene dos etapas:

Primero, reconocemos los eventos que crearon las cápsulas que son activadas cuando uno tiene que hablar delante de una audiencia ("La profesora me llamó a la pizarra y me quedé en blanco", o, "Los niños se rieron de mí cuando hablé en clase, y desde entonces no he levantado la mano", o, "Una vez me quedé muda delante de un gran cliente y lo perdimos", etc.). Desde luego, no necesitamos recordarlos de antemano, y hay maneras que mencioné antes de localizar las memorias relevantes durante la terapia.

Segundo, completamos el reprocesamiento de esas memorias, y así detenemos los síntomas relevantes.

En EMDR usualmente comenzamos a ver resultados desde las primeras sesiones (que pueden estar separadas o concentradas). Cuando hablamos de completar el procesamiento de eventos difíciles con EMDR, lo hacemos de acuerdo a la literatura científica, que informa de altas tasas de éxito (77-90%, dependiendo del número y de la naturaleza de los eventos), y usualmente cuando los temas están focalizados, dentro de 3-12 sesiones.

Cuando no tenemos el tiempo suficiente para realizar el curso completo de tratamiento — por ejemplo, cuando el cliente viene dos días antes de una importante tarea o de una actuación — podemos ayudarle aplicando el protocolo EMDR diseñado para el futuro. Es el mismo proceso que usamos para los atletas antes de las competiciones y con los músicos antes de los conciertos, que permite experimentar la situación con antelación como una historia de éxito aún antes de que comience. Entonces, la imagen de éxito se vuelve accesible en su cerebro cuando la necesita en tiempo real.

Con todo, es como la Cenicienta y la calabaza — en el sentido de que la "magia" dura sólo hasta la medianoche... Si hay una ansiedad básica profunda que queda sin tratar, entonces el EMDR para el futuro es algo que puede ayudar a lo sumo durante unos pocos días hasta que la ansiedad regular reaparezca. Unas pocas semanas antes de una tarea es tiempo suficiente para lidiar con la causa de la perturbación de una manera más fundamental, identificando y reprocesando los eventos que están en las cápsulas y erradicando el temor a hablar en público. Con EMDR, queremos atacar el problema en su núcleo y finalizar el procesamiento de manera que el temor a hablar en público no forme parte de nuestras vidas nunca más.

"Soy un músico que da conciertos varias veces al mes. Aquí también me encontré a mí mismo (como muchos de mis colegas) tratando de lidiar con la ansiedad durante las actuaciones. Después de localizar los eventos formativos y su procesamiento, usamos el EMDR para el futuro

de manera que yo pudiera lograr refuerzos positivos anticipatorios que me ayudaran a manejar mejor mi ansiedad en los escenarios. Esto significa que muchos días antes de un concierto pudiera imaginar la actuación y "plantar" algún tipo de recurso positivo (autoconfianza, fortaleza, resistencia, etc.) dentro de mi mente. Esto me ayudó significativamente durante la actuación. También disfruté usando este método en el contexto de situaciones sociales y sexuales. Otra situación que pude manejar fue el hecho de comer muchos dulces como reacción a una depresión emocional. Otra vez, buscamos los incidentes por los que adquirí este patrón de comportamiento y al mismo tiempo las razones de esa depresión, y las tratamos, y así fue cómo me liberé de este odioso patrón de comportamiento también...".

Capítulo 6

Información adicional sobre EMDR

La batalla sobre EMDR

En "El Instinto de Sanar: Curando la depresión, la ansiedad y el estrés sin drogas y sin terapia de la palabra", el Dr. David Servan–Schreiber, psiquiatra y neurólogo, afirma:

"Uno de los aspectos más curiosos de la historia del desarrollo de EMDR es la resistencia que ha encontrado en la psiquiatría y la psicología académicas. En el 2000, la base de datos más usada sobre TEPT (Trastorno de Estrés Postraumático) - la base de datos PILOTS del Hospital de la Administración de Veteranos de Dartmouth - tenía registrados más ensayos clínicos usando EMDR que ningún otro tratamiento para el TEPT. Los resultados de estos estudios fueron tan impresionantes que tres meta-análisis -estudios que revisan todos los estudios publicados previamente- concluyeron que el EMDR fue al menos tan efectivo como los mejores tratamientos disponibles. En muchas instancias, el EMDR además demostró ser el mejor tolerado y el más rápido de los métodos".

Desde que se publicó su libro, el EMDR ha sido reconocido por la Asociación Americana de Psiquiatría, y la Organización Mundial de la Salud (OMS), se publicaron meta-análisis adicionales, y ya hay psiquiatras que practican el EMDR. Sin embargo, aquellos terapeutas que están acostumbrados a tratar a los clientes usando métodos que requieren tratamientos más prolongados (especialmente, los terapeutas psicodinámicos y los psicoanalistas) continúan resistiéndose al EMDR — y en algunos países más que en otros. Esto desde luego es una mala noticia que atestigua el temor al progreso y al cambio.

El Dr. Servan–Schreiber continúa:
"Sin embargo, hoy, el EMDR continúa siendo descrito como un enfoque 'controvertido' en muchos círculos universitarios estadounidenses (a pesar de que lo es mucho menos en Francia, Holanda, Alemania, Inglaterra, etc.)... en la historia de la medicina tales controversias son comunes. Cuando ocurren avances importantes antes

de que sus fundamentos teóricos puedan ser explicados, se encuentra sistemáticamente una intensa resistencia por parte de las instituciones establecidas-especialmente cuando el tratamiento es descrito como 'natural' y parece 'demasiado simple'.

Es importante notar que el desacuerdo entre los profesionales no es respecto de si el EMDR funciona o no. La respuesta a esa cuestión es cierta — el EMDR funciona, de acuerdo a cada estudio que lo evaluó, y hay muchos que lo encontraron efectivo; es por eso que el EMDR es considerado como una terapia basada en la evidencia. Los desacuerdos son acerca del mecanismo exacto en el cerebro que actúa en la base de su efectividad única. La investigación en este campo está evolucionando y ya hay una serie de estudios que crecen día a día que postulan diversos mecanismos en el cerebro que pueden explicar cómo se alcanzan estos resultados inusuales. Merece mencionarse que, hasta ahora, el mecanismo específico en el cerebro que pueda explicar cómo funcionan cada una de las psicoterapias más comunes tampoco se ha descubierto completamente. En otras palabras, el saber el mecanismo específico por el cual funcionan los diversos métodos psicoterapéuticos no es un criterio que sirva para diferenciar los diversos tipos de terapias, dado que el conocimiento específico no existe para ninguno de los métodos psicoterapéuticos, simplemente porque el cerebro no ha sido completamente explorado aún.

Este estado de cosas, descrito en un libro publicado años atrás, aún refleja el estado del conocimiento en muchos países. Me gustaría creer que es imposible revisar la literatura sobre el tema o escuchar con la mente abierta los resultados clínicos y permanecer indiferente al alivio y la ayuda que está disponible, en tan corto tiempo — un período de tiempo que es apenas una fracción de lo que emplean los otros métodos psicoterapéuticos en uso.

Desafortunadamente, muchos se han acostumbrado al preconcepto de que todo lo que requiere de corto espacio de tiempo no pasa de ser una solución precaria o de corto plazo. Después de miles de horas de tratar con EMDR, en mi opinión es el mejor método. Los otros métodos, cuando funcionan, lo hacen más lentamente…

Invito no sólo al público sino a la comunidad terapéutica a interesarse y aprender más sobre EMDR. No se trata de un método que está siendo desarrollado, ya está científicamente probado. Aquellos que les interese profundizar en el tema podrán encontrar incontables artículos y estudios científicos convincentes. No pierda la oportunidad de saber más sobre EMDR.

Mi filosofía y visión del mundo como terapeuta

La relación terapéutica entre el cliente y el terapeuta no es una relación igualitaria. No es completamente igualitaria, como la amistad; por el contrario, tiene una jerarquía, está limitada en tiempo y lugar, y, desde luego, cuesta dinero.

No se parece a ninguna otra situación cotidiana. Por lo tanto, el cambio no ocurrirá simplemente porque exista, sino que tendrá lugar durante esta relación.

Pienso que las personas merecen muchas horas de atención — de amigos, colegas, familiares, etc. Por lo tanto, el objetivo de la terapia, en mi opinión, no es una hora por semana de atención pagada. Yo no ofrezco una escucha sobrevalorada sino terapia de calidad en la cual usted paga un precio justo por el valor que obtiene.

Me opongo al enfoque que ve al tratamiento psicológico como "una hora de luz en medio de la oscuridad", y estoy a favor de usar una hora para iluminar toda la semana y luego la vida entera sin necesidad adicional de ayuda profesional.

De esta manera, si alguien está sufriendo por falta de atención en su vida, en vez de darle un pequeño momento de atención durante una hora por semana y cobrarle por hacer eso — le ayudo en primer lugar a liberarse de las razones que causan el sufrimiento por esta falta de atención. ¿Se trata de un problema de falta de confianza hacia las otras personas? ¿Hay falta de habilidades sociales? ¿Un sentimiento de baja autoestima? De todos modos, sea lo que sea, lo trataremos rápidamente de manera que el cliente pueda compartir sus pensamientos y emociones con su entorno y ganar atención, como debería ser. Lamentablemente, más de una vez, he escuchado a quienes no eran mis clientes referirse a la terapia como "el único lugar donde alguien me escucha de verdad", mientras el sistema de sostén alrededor de ellos colapsa. Creo que esta descripción es inmerecida y perjudicial para la futura prosperidad y bienestar de las personas.

Muchos meses atrás, volviendo de un evento, viajé en coche con un hombre joven que, como muchos otros, se puso a conversar abiertamente conmigo una vez que supo que yo era terapeuta. Me contó la relación abusiva y destructiva que tenía con su novia, que le causaba un gran sufrimiento, y sin embargo no podía salir de esta situación. Cuando le pregunté sobre su historia personal, me dijo que sus padres le pegaban, especialmente su madre. Entonces, le pregunté, si las cosas eran así, por qué no buscaba ayuda psicológica.

Sorprendido por mi pregunta, me contó que había estado en terapia durante un año y medio y que no sintió ninguna mejoría. Continuó diciéndome que a pesar de que en cada sesión le contaba al terapeuta todo lo que le había ocurrido la semana previa, no podía entender cómo eso podía llegar a mejorar su condición y aliviar su sufrimiento. Me preguntó qué haría yo en este caso, y le contesté: "Trabajaría contigo en finalizar el procesamiento de tus experiencias como un niño maltratado. Me parece muy probable una fuerte conexión entre el abuso sufrido en la niñez y tu incapacidad de ponerle fin a una situación de abuso en el presente. Cuando completemos el procesamiento de tus experiencias del pasado, podremos ver hasta qué punto eso está afectando tus sentimientos en el momento actual". Una semana después comenzamos a trabajar juntos, él se sintió más fortalecido, y después de un corto período pudo ponerle fin a la relación abusiva en la que estaba con su novia.

Este caso me recuerda un incidente que ocurrió muchos años atrás. Un hombre se me acercó y me contó que había estado en terapia durante los últimos tres años, que lo había disfrutado mucho, y que su terapeuta llegó a conocerlo muy bien — "una absoluta delicia", proclamó. "Excelente. Me alegro de escuchar eso. ¿Cuál fue la razón por la cual usted fue a terapia?", le pregunté. "Ansiedad y una incapacidad para formar relaciones íntimas", me contestó. "Oh, ya veo. ¿Y cómo se desarrollaron estos temas desde que usted comenzó la terapia?". Su rostro cambió, y poco tiempo después comenzó a verme como su terapeuta. Después de trabajar con él usando EMDR, la ansiedad desapareció. Por primera vez en su vida, inició una relación romántica que de hecho dura hasta el día de hoy.

Es por estos eventos y otros que escribí el Apéndice B sobre los mitos comunes acerca de la terapia. Mis encuentros con muchos clientes me han dado a conocer situaciones lamentables que se originaron como consecuencia de supuestos erróneos acerca de la terapia.

Nunca olvidaré el día en que un nuevo cliente entró en mi consulta y preguntó, "¿Las sillas son de la misma altura?". Le contesté que yo había comprado un par de sillas idénticas y le pregunté por qué estaba sorprendida. Comencé a pensar si ella tendría algún problema compulsivo con la simetría, un síntoma común de la ansiedad grave. Ella me contestó que su pregunta tenía que ver con su terapeuta anterior. Me dijo que la silla del terapeuta necesita ser más alta que la del cliente. Le expliqué que nuestros roles en esta habitación nada tienen que ver con la altura de nuestras sillas.

Otro cliente me contó que una vez le pidió a su terapeuta una taza de café, después de llegar cansado a la consulta. Durante 50 minutos (y un montón de dinero) el terapeuta le habló sobre qué significaba pedir una taza de café, por qué no lo había hecho en otras ocasiones, y qué dice esto de su relación con la terapia, etc. Me dijo que a partir de entonces temía pedirle al terapeuta cualquier cosa, incluso un vaso de agua.

Otro me contó cómo la terapia dinámica le hizo sentirse menos inteligente de lo que era — dado que cada vez que o bien llegaba un poco más temprano, o un poco más tarde, o a su hora, el terapeuta se dedicaba a hacer largas interpretaciones sobre el hecho.

Una vez hablé con una persona de negocios que me dijo que la terapia tradicional le parecía el perfecto programa de continuidad — uno siempre habla de lo que pasó durante la última semana y de lo que pasa en la hora terapéutica, ya que siempre habrá otra nueva semana y otra hora…

Freud fue un genio en su campo y un gran teórico, pero sus escritos sobre sus clientes no son una investigación. Son una colección de estudios de casos de clientes — a quienes él **no** ayudó mucho como terapeuta.

Sobre la base de miles de horas de tratamiento con EMDR, hablando con colegas locales e internacionales, leyendo cientos de estudios y siguiendo muy de cerca qué se está haciendo en este campo, pienso que el EMDR trae una gran esperanza para la humanidad y que es la revolución que hemos estado esperando en el mundo de la psicoterapia moderna. Creo que cada persona merece recibir una terapia adecuada que lo ayude — no lentamente, sino en un tiempo adecuado.

Estoy a favor de facilitar el desarrollo del potencial humano y no su forma reducida. Vivir una forma de vida reducida o por debajo del potencial cuando otro modo es posible, es muy triste, y este libro es mi forma de contribuir a este cambio en el abordaje de la terapia actual. Una de las razones por las cuales escribí este libro es para desmitificar algunos aspectos de la psicoterapia — por ejemplo, la concepción errada de que todo lo que hace falta es que una persona escuche a otra y le comente empáticamente lo que piensa sobre el tema en cuestión — y para ayudar a cambiar el actual enfoque de la terapia de una manera que el cliente pueda conectarse con los recursos que ya posee a fin de completar el procesamiento de aquellos eventos pasados que quedaron sin procesar en tiempo real.

Inspirada por la inventora del EMDR, la Dra. Francine Shapiro: Cómo la conciencia hace avanzar los logros científicos

La Dra. Francine Shapiro era una estudiante de doctorado en Literatura Inglesa cuando le diagnosticaron cáncer. Después de su curación, decidió cambiar de carrera, obteniendo otro doctorado — en Psicología. El área en el cual estaba más interesada era la conexión entre el cuerpo y la mente, y sobre cómo la perturbación emocional afecta a la resistencia física.

Muchas invenciones en ciencias fueron hallazgos al azar que luego se expandieron debido al compromiso de los científicos de repetir los experimentos una y otra vez hasta alcanzar conclusiones firmes. Tal es el caso con el EMDR. La Dra. Shapiro descubrió un día que cuando ella imitaba los movimientos que los ojos hacen durante una fase del sueño llamada REM (en inglés, rapid eye movement), su ánimo mejoraba considerablemente.

La mayoría de las personas, cuando se encuentran por primera vez con una situación nueva y diferente, la anulan como una ocurrencia extraña y le quitan importancia. Los científicos, sin embargo, "le clavan los dientes y no dejan que se escape". Cuando la Dra. Shapiro observó que algo diferente había pasado esta vez, recreó lo que pasó y trató de entender por qué era diferente a lo pasado. Lo recreó para sí misma y cuando vio que funcionaba, comenzó a hacerlo para sus colegas y amigos y para cualquiera que se ofreciera como voluntario para hacer la prueba. Luego, para evaluar la eficacia, comenzó a trabajar con soldados que padecían "fatiga de combate" (en inglés, shell shock) sobrevivientes de la Guerra de Vietnam. Esa fue la base de su tesis doctoral. A través de ensayo y error, ella fue construyendo el método que no sólo es adecuado para aquellos que sufrieron un incidente traumático sino también para aquellos que sufren las emociones negativas posteriores a los traumas.

Pienso que la Dra. Shapiro debería ganar el Premio Nobel por la revolución que EMDR inició en la psicología y en el campo de la salud y por la contribución que el EMDR ha tenido para mejorar millones de vidas alrededor del mundo. A partir de su descubrimiento, se le ha premiado con los siguientes galardones:

- El premio más prestigioso para los psicoterapeutas, el Premio Internacional Sigmund Freud para la Psicoterapia, de la Ciudad de Viena, Austria.
- El Premio de la Asociación Americana de Psicólogos para la sección de tratamiento de trauma por los avances sobresalientes en la psicología del trauma.
- El Premio de la Asociación de Psicólogos de California por los avances en psicología.

Acerca de la Autora

Tal Croitoru tiene una Licenciatura en Educación, un Máster en Trabajo Social Clínico, un Máster en Administración de Empresas, y es estudiante de doctorado en Trabajo Social.

En los últimos años, ha estado trabajando como psicoterapeuta certificada en EMDR en su práctica privada, gestiona una cadena nacional de clínicas de EMDR y ha estado dando clases desde el 2007 en el Departamento de Trabajo Social de la Universidad de Haifa.

Desde que comenzó a desarrollar el potencial de EMDR para cambiar la vida de millones de personas en un período relativamente corto de tiempo, se dedicó a expandir internacionalmente el alcance de EMDR mediante conferencias, productos informativos, una red de profesionales especializados en EMDR y libros.

Usted puede encontrar más información sobre su trabajo y tener acceso a recursos relacionados a EMDR en sus páginas web:

www.talcroitoru.com
www.theemdrrevolution.com
www.emdrexperts.com

Para contacto directo con la red de expertos EMDR mundial
tal@emdrexperts.com

En Latinoamérica contactar con la psicóloga, Consultora de EMDR, Esly Carvalho, presidente de TraumaClinic Edições, **info@traumaclinicediçoes.com.br**

En España, contactar con la psicóloga, Consultora de EMDR, María Cervera maria@jaure.net

Agradecimientos

Primero de todo, quiero agradecer a la Dra. Francine Shapiro. Gracias a su curiosidad y coraje las vidas de millones de personas en el mundo han cambiado, incluyendo la mía y la de mis clientes. Muy pocas personas pudieron hacer lo que ella hizo. El mundo luce como un lugar mejor gracias a personas como ella.

Sin el Dr. David Servan-Schreiber, quien escribió el libro "El Instinto de Sanar", yo no me hubiera enterado de EMDR. Su muerte es una inmensa pérdida, pero estoy contenta de haber podido agradecérselo mientras estaba con vida.

EMDR Israel es una organización sin fines de lucro que entrena terapeutas y consultores EMDR en mi país natal, Israel. Le debo mucho a esta organización y a su liderazgo en ayudarme a comenzar mi larga trayectoria en EMDR. Esta ONG hace de Israel uno de los países más productivos en lo que se refiere a usar y desarrollar nuevos protocolos EMDR.

Me gustaría agradecer a EMDRIA —la Asociación Internacional de EMDR— y su lista de discusión activa de miles de terapeutas EMDR alrededor del mundo que nos ayuda a todos a aprender unos de otros, y a HAP — la ONG de proyectos humanitarios de EMDR (www.emdrhap.org) que constantemente nos recuerda cómo el EMDR puede ayudar aun en las situaciones más difíciles.

Estoy agradecida a mis clientes y a los terapeutas de mi equipo que me permiten tomar parte en cambiar las vidas de tantas personas. Estoy agradecida por cada uno de ustedes.

Y finalmente me gustaría agradecer a mi familia y mis amigos, por la paciencia y el sostén que me han dado en el día a día de mi vida y mientras escribía este libro. Detrás de cada persona creativa hay un grupo de personas que sostienen y permiten que ocurra el proceso creativo; soy afortunada por tener a estas personas detrás de mí: Oren Ben Ami, David y Hanna Croitoru, Jacob Lubinsky, Ofer Beith Halachmi, Orly Traubichi, y Gili y Lior Kama.

Apéndices

Apéndice A:
¿Cuando debería ir uno a terapia y cómo puede ésta ayudarle?

Resumen: Uno debería ir a terapia cuando experimenta dolor y sufrimiento emocional, u obstáculos internos que nos entorpecen el camino.

De forma más desarrollada:

A. Cuando la persona sufre ansiedad, pesadillas, brotes de ira, ataques de llanto, complejos de inferioridad, depresión, y desesperación, y en caso de comportamientos compensadores como la comida, el sexo, las compras, etc. De vez en cuando, todos podemos experimentar estos sentimientos, sin embargo, cuando hay un sufrimiento con indicios de un malestar más severo como en el caso de la intensidad del sentimiento, la frecuencia con la cual lo experimenta, o las implicaciones en otras áreas de su vida, debería considerar la posibilidad de pedir ayuda.

B. Cuando la persona está sufriendo una crisis o luchando con dificultades experimentadas en el pasado o que cree ver venir en el futuro, como: ataques, accidentes de coche, la pérdida de un ser querido, o experiencias más comunes como la separación, el rechazo (social o romántico), el fracaso en un proyecto o el despido del trabajo.

C. Cuando la persona experimenta sentimientos de parálisis en la vida, como cuando se siente en un "callejón sin salida" sin la capacidad de ir hacia adelante o de cambiar de rumbo. Esto incluye las dificultades en las relaciones interpersonales, en el desarrollo de su carrera, y la sensación de vacío o de falta de objetivos en la vida.

Ejemplos:

• Haber sufrido eventos traumáticos — accidentes, ataques, actos terroristas, muerte de un ser querido, etc.

• Estar luchando con una crisis de vida — traición, separación, divorcio, terminación de un empleo, desempleo, depresión postparto, etc.

- Estar sufriendo ansiedad y fobias — temor ante la exposición pública, ansiedad ante los exámenes, ansiedad de desempeño, temor a los perros, fobias dentales, pesadillas recurrentes, etc.
- Patrones de comportamiento repetitivo — dificultades con las relaciones íntimas, brotes de ira, errores repetidos en la toma de decisiones, indecisión, tendencia a la postergación, etc.
- Estar tratando de eliminar obstáculos internos para el desarrollo personal — para los atletas que desean mejorar su desempeño antes de una competición: para los estudiantes antes de exámenes importantes, selectividad o pruebas psicométricas, etc.; para los artistas antes de las actuaciones o los ensayos; y en el trabajo para las personas de negocios que buscan estar mejor preparadas para una presentación o una negociación, o mejorar su autovaloración antes de pedir un aumento o un ascenso de puesto.

Pruébese usted mismo:
- ¿Experimenta sentimientos negativos durante largos períodos de tiempo, o como resultado de una crisis o de un evento que no parece poder mejorar por sí mismo?
- ¿Siente que tiene obstáculos internos que le impiden avanzar en sus objetivos, aún cuando en teoría usted sabe lo que tiene que hacer?
- ¿Ha notado patrones de comportamiento que perjudican su vida profesional o personal, y que tener conciencia sobre estos temas no es suficiente para poder resolverlos?
- ¿Tiene sentimientos desagradables, o temores, o preocupaciones que le impiden poder hablar ante una audiencia, que le hagan sentirse incómodo al ser el centro de atención, y que siente que le bloquean para avanzar en su vida profesional o personal?
- ¿Tiene una tarea desafiante relacionada con el deporte, con la vida profesional o personal próximamente y necesita un refuerzo de autoconfianza para llevarla adelante?

Si su respuesta fue SI al menos a una de estas preguntas previas, la terapia puede ser de mucha ayuda para usted.

¿Cómo puede ayudarle la terapia?

- **Ayudando a comprendernos a nosotros mismos y a nuestro entorno** — muchos tipos diferentes de tratamiento están basados en el supuesto de que cuando la persona es consciente de lo que la afecta, los problemas se resolverán. En consecuencia, el tratamiento se enfoca solamente en incentivar la **conciencia** sobre los problemas emocionales internos. De hecho, esto es insuficiente, ya que se necesita otra etapa más allá de la conciencia y la voluntad: la **habilidad** de cambiar.

- **Obtener nuevas herramientas** — para ganar en autoconciencia, introspección y revelación, para sobrellevar los desafíos y el procesamiento de las emociones y para fortalecerse ante las nuevas experiencias.

- **Reprocesar las memorias y los eventos negativos del pasado** — ayudando a completar el procesamiento de las experiencias que nos continúan afectando negativamente en el presente y que nos impiden seguir adelante.

Apéndice B:
Siete mitos comunes (y *caros*) acerca de la psicoterapia:

A. Pensar que mientras haya una buena razón para estar deprimido o estancado, nada nos puede ayudar.

Primero, hay muchas medidas de la emoción. Una de ellas es la dirección general de la emoción — positiva o negativa. Esta es una medida dominante pero no es la única, y conformarse con eso incrementa el malestar sin que se enciendan las señales de advertencia. Se deberían establecer criterios adicionales para reconocer la perturbación y considerar la necesidad de ayuda:

1. La intensidad de la emoción
2. Su prevalencia — ¿cuál es su frecuencia?
3. Ramificaciones — ¿cuál es la influencia que tiene sobre la función?

Ignorar estos criterios hará que la situación empeore, porque "la persona tiene una buena razón para sentirse mal" y podría perder de vista los signos que indican la necesidad de solicitar ayuda. Segundo, la dificultad no necesita estar completamente separada de la realidad para que exista una manera de tratarla apropiadamente. Es posible trabajar para apuntalar su fortaleza a la luz de una realidad difícil o de una condición crónica.

Daré un ejemplo, la terapia EMDR sirve para tratar a aquellos afectados por un terremoto. Algunas personas se preguntan, "¿Cuál es el interés?. "Sabemos que habrá otro pronto". La respuesta reside en que si no procesamos apropiadamente las memorias tempranas de los terremotos, cada terremoto subsecuente actuará como un "disparador" de los sentimientos que aparecieron en los anteriores, incrementando así nuestro nivel de ansiedad. Por el contrario, cuando procesamos las memorias tempranas apropiadamente, no sólo los terremotos no desencadenan la ansiedad de los terremotos previos, sino que además podemos acceder a un sentimiento de resiliencia y supervivencia de los eventos previos. Así, reprocesar los eventos pasados construye resiliencia hacia eventos futuros.

B. Pensar que lo máximo que podemos obtener del tratamiento es la conciencia, y que la conciencia combinada con autodisciplina es suficiente para crear el cambio.

Muchas terapias se basan en la noción de que en el minuto que alguien reconoce qué lo afecta y conoce sus orígenes se resolverán la mayor parte de sus problemas. Por eso, el tratamiento está dirigido a crear conciencia de los procesos que fueron formando a la persona interpersonal y psicológicamente. En realidad, para que un cambio tenga lugar uno no sólo necesita la conciencia, sino también la capacidad para llevar adelante el cambio. No es suficiente reconocer el patrón de comportamiento específico y sus orígenes. Muchas veces, vemos la necesidad de un profundo cambio psicológico y no sólo de una toma de conciencia, con el fin de inducir un cambio en la conducta.

Además, con el tratamiento correcto, podemos lograr mucho más que una lenta toma de conciencia sobre un patrón de comportamiento; podemos lograr un cambio significativo en el patrón en sólo unas pocas semanas. A veces, la autodisciplina puede ayudar, pero no alcanza. Podemos alcanzar resultados de una manera efectiva reprocesando las raíces de esos patrones de conducta. Entonces, la energía que usamos para superar esas experiencias y obstáculos del pasado ya no es necesaria allí y puede ser canalizada hacia otros campos — para el crecimiento y el desarrollo personal.

C. El pensamiento de que hay un método de tratamiento estándar o uniforme.

Este enfoque lleva a muchas personas a sentir que el tratamiento no los ayudará debido a que los intentos anteriores fracasaron. A veces, incluso se culpan a sí mismos y se dicen cosas desalentadoras como, "Me falta un tornillo y no tengo arreglo". Este es un error serio. El tratamiento irrelevante podría no ayudar e incluso causar daño, pero un terapeuta relevante que trabaja seriamente puede ser de gran ayuda en un marco de tiempo no demasiado largo.

Los estudios publicados y la experiencia en el tema demuestran que las personas que no hicieron progresos después de muchos años de psicoterapia usando un método pueden ser asistidos con otros métodos terapéuticos logrando resultados significativos en pocas semanas o meses.

D. Confundir profundidad con duración en lo que respecta a la terapia.

En realidad, la terapia puede ser larga y superficial, o corta y sustancial. La sustancia del tratamiento no es algo que se refiere al tiempo, sino a la capacidad de hacer salir las cuestiones más importantes que afectan a la persona, tanto como el nivel de cambio que suscita. En otras palabras, ¿hasta qué punto un método terapéutico es capaz de causar un cambio en el comportamiento o se trata de algo sólo cosmético? Al EMDR se lo denomina también "psicoanálisis a mayor velocidad" no sólo porque toca los temas relevantes en profundidad sino por el corto período de tiempo en el cual le permiten procesar sus memorias, hacer una introspección y encontrar alivio.

Algunas personas tienden a mirar el tratamiento con cierto desdén como una "terapia de reparación rápida". Propongo pensar acerca del punto de referencia en lo que se refiere a la duración del tratamiento. Es posible ver la terapia rápida de una manera diferente — como un medio eficaz de lograr resultados significativos — y considerar a las terapias más lentas como un alargamiento innecesario del tratamiento.

E. Considerar el costo de una sola sesión y no el costo de la terapia completa (costo por sesión multiplicado por el número de sesiones).

Antes de nada necesito afirmar que, en mi opinión, la terapia que no da resultados, aún en el caso de que sea gratuita, es costosa; sin embargo, en este contexto me referiré sólo al aspecto monetario. Usted necesita hacer los cálculos para saber cuánto le cuesta la terapia. La terapia que se lleva a cabo en dos o tres años es frecuente. Multiplique el costo de cada sesión por 100-150 semanas, y usted obtendrá el costo real de la terapia. Incluso un año de terapia, que es considerado un tiempo bastante corto, en las mismas condiciones, es el costo por sesión multiplicado por 50 semanas.

Sin embargo, usando terapia EMDR, que es más efectiva y más rápida, uno usualmente no prolonga la duración más allá de unas pocas semanas en los casos bien focalizados, o de unos pocos meses en los casos más complejos; y aun cuando el terapeuta cobra más por sesión, la terapia completa le cuesta a usted mucho menos en comparación con la opción anterior.

F. **Comparar el costo total de la terapia con cero, en lugar de compararlo con el costo de no hacer ninguna terapia.**

El sufrimiento, el sentirse estancado y los obstáculos internos nos afectan no sólo psicológicamente, sino también financieramente. Los temores, las ansiedades, la baja autoestima y las crisis que se reflejan en el terreno profesional y hacen que tengamos un bajo desempeño en el trabajo, podrían conducirnos a:

Para empleados asalariados:
- Aumentar las probabilidades de ser despedido, reducción de las posibilidades de obtener un ascenso de puesto (porque su trabajo no se nota o porque no tiene confianza suficiente para pedir el ascenso).
- Reducir las probabilidades de encontrar un nuevo trabajo.
- Evitar pedir un aumento de salario.

Para autónomos:
- Perder oportunidades de progresar y de obtener nuevos clientes.
- Postergación (de manera que los proyectos rentables son postergados).

El sufrimiento, los temores, la ansiedad, la baja autoestima y las crisis que se manifiestan en el terreno profesional todos pueden causar perturbación financiera tanto como malestar emocional.

Las dificultades en las relaciones íntimas no sólo causan "dolores del corazón" sino que nos impiden tener una pareja con quien compartir la vida y criar hijos. Por ejemplo, el costo financiero de un divorcio es mucho más alto que el costo de invertir tiempo trabajando sobre la relación; el costo financiero de un divorcio traumático es mucho mayor que el costo de la terapia para lograr un acuerdo de divorcio razonable; y, desde luego, en la medida que nos sentimos mejor, hay menor necesidad de incurrir en comportamientos costosos (Iré a X, compraré Y, y luego me sentiré mejor por un tiempo) para compensar el malestar.

G. **Desconectar los objetivos — la confusión entre los medios y el propósito, donde la relación con el terapeuta se convierte en el fin y no el medio, a expensas del propósito de la terapia.**

Desde luego, es importante tener una buena relación con el terapeuta, de modo que la terapia tenga resultados. Segundo, una buena relación terapéutica puede ser un ancla y proveer ánimo y sostén durante tiempos difíciles, tanto como una fuente de fortaleza para superar otros desafíos de la vida. Tercero, podemos aprender de nosotros mismos y de nuestra relación en la interacción que tiene lugar durante la relación terapéutica, examinar, ver y practicar qué podemos hacer de otro modo, e implementar esta comprensión fuera de la consulta.

Sin embargo, la confusión entre los medios y los fines (o propósito) puede suceder durante el tratamiento. Las personas que están en terapia durante largo tiempo, por ejemplo, años, vienen y me dicen que ellos tuvieron una conexión increíble con otro terapeuta que los entendía y hacía que las sesiones fueran agradables; sin embargo, cuando vemos la razón por la cual fueron a terapia o cuánto ha mejorado la situación del cliente, vemos en realidad poco movimiento o, a veces, ninguno.

La terapia es un medio y no un fin (o propósito) y eso es también terapia de calidad. Con el objeto de prevenir la confusión que he descrito, es importante saber primero las razones por las cuales estamos queriendo hacer terapia, o por las cuales continuar con las sesiones, y regularmente revisar si hay mejoras o avances en nuestras vidas dentro y fuera de la consulta.

Apéndice C

Criterios para elegir el tratamiento psicológico

Usted no está contento con su actual realidad. Usted quiere un cambio, pero hay muchas opciones, muchos métodos y técnicas. ¿Cómo saber cuál es el mejor método terapéutico para elegir? Los cuatro problemas que las personas encuentran al elegir una terapia son:

1. **Confiabilidad** — ¿cómo saber si el método de tratamiento es confiable y no unas "meditaciones" inútiles, del tipo que causan que tantas personas pierdan fe en la psicoterapia?
2. **Efectividad** — ¿cómo saber si el método de tratamiento me ayudará y no prolongará mi sufrimiento, además de incurrir en costos adicionales?
3. **Profesionalidad** — ¿cómo saber si la persona que me trata es la mejor persona para tratarme, y no un charlatán; y de que estoy en buenas manos?
4. **Resultados** — ¿cómo saber si el tratamiento está funcionando y de que no estoy perdiendo tiempo, dinero y esfuerzo?

La solución a estos problemas sería elegir una terapia probada, confiable, efectiva y profesional, y no menos importante — una medible y rápida.

A continuación se detallan los criterios relevantes que sugiero al elegir la terapia correcta y entre paréntesis doy la respuesta a las preguntas en relación con la terapia EMDR.

Confiable
1. ¿Es un método probado con docenas de estudios que demuestran su efectividad? (SI (1))
2. ¿Hay organizaciones internacionalmente reconocidas que verifican la efectividad de dicho método? (SI 2)

Efectiva
3. ¿Hay estudios que compararon este método con otras opciones de tratamiento y lo encontraron preferible? (SI 3)
4. ¿Puede usted sentir una marcada mejoría después de una

pocas sesiones; y con objetivos más específicos, la terapia completa dura solamente unas pocas sesiones? (SI)

Profesional

5. ¿Son terapeutas profesionales aquellos que están autorizados a aplicar esta terapia, y han recibido el correspondiente entrenamiento? (Usted necesita revisarlo personalmente — para detalles, ver el siguiente Apéndice).
6. ¿Los terapeutas reciben entrenamiento regular con el fin de actualizar su conocimiento clínico y teórico? (Usted necesita revisarlo personalmente — para detalles, ver el siguiente Apéndice).
7. ¿Los terapeutas son experimentados en casos complejos de manera que pueden abordar situaciones difíciles en caso de ser necesario? (Usted necesita revisarlo personalmente — para detalles, ver el siguiente Apéndice).

Medición

8. ¿Hay una manera de saber si el tratamiento está funcionando? ¿Hay medidas que evalúan la mejora dentro de cada sesión y en el mundo real, a intervalos regulares? (SI)

Cómo se da la ayuda

9. ¿Provee herramientas? ¿Ayuda a lidiar con la confrontación? ¿Puede detectar cuáles son los temas relevantes? ¿Elimina la raíz del problema? (La conciencia no alcanza para lograr el cambio. Las herramientas pueden ayudar, pero hasta cierto punto. El EMDR elimina la fuente de los problemas, hasta el punto en que ya no es necesaria la terapia).
10. ¿Es necesario hacer "tareas en el hogar" fuera de las sesiones de terapia? (NO)
(1) Una larga lista de estudios verifica la efectividad de EMDR. Usted puede consultar una lista abreviada en el siguiente sitio web:

http://www.emdrhap.org/emdr_info/researchandresources.php#trials

(2) Incluyendo la Asociación Americana de Psicología, la Asociación Psiquiátrica Americana, el Departamento de Veteranos de Estados Unidos (para el tratamiento de los veteranos de la Guerra de Vietnam), el Ministerio de Salud del Reino Unido y más. Ver una lista de organizaciones terapéuticas líderes que reconocen la efectividad de EMDR en el siguiente link:

http://www.emdrhap.org/emdr_info/researchandresources. php#treatment

(3) Ver una lista de estudios, incluyendo a aquellos que compararon el EMDR con otros métodos de tratamiento y que demostraron que el método EMDR fue de ayuda con menos sesiones, con mayor tasa de éxito y con menos abandonos:

http://www.emdrhap.org/emdr_info/researchandresources. php#trials

Apéndice D

Criterios recomendados para seleccionar un terapeuta EMDR

El EMDR es un método que requiere habilidad. Pensar que su esencia es sólo "estímulo bilateral" o "movimiento del ojo" es como decir que la base de la terapia tradicional es el movimiento de los labios.

Una vez un cliente me dijo que después de ver un programa de TV que había visto muchos años atrás sobre el Dr. Servan-Schreiber, trató de ayudar a su novia, que había pasado por un trauma, en su propio hogar. El resultado fue que su perturbación empeoró e incluso ella trató de quitarse la vida. Se trata de un método poderoso, por lo que hay excelentes razones para que sea realizado solamente por terapeutas certificados en salud mental.

La diferencia entre la terapia EMDR en manos de un terapeuta experimentado vs. un terapeuta no experimentado puede ser tan grande como la diferencia entre el cielo y la tierra en lo que respecta al marco de tiempo, los objetivos y los plazos de implementación. Tuve clientes que probaron la terapia EMDR antes y que no dio resultados por esta razón.

A pesar del hecho de que el protocolo es muy estructurado sobre la memoria específica, se requiere conocimiento, destreza y experiencia en la aplicación de un plan terapéutico, tanto como la habilidad de intervenir durante la terapia, si el proceso se atasca. Dado que el rol del terapeuta EMDR es facilitar que el procesamiento tenga lugar en forma adecuada, el terapeuta es el que debe regular, el que debe asegurar que los cuatro canales (sensorial, cognitivo, emocional y somático) sean procesados, y el que sabe cuándo las cosas no van bien y cómo asistir si el malestar permanece.

Uno puede tratar con EMDR aún después de que se haya completado el primer nivel de formación, pero sólo después del segundo nivel uno puede concentrarse en desarrollar correctamente un plan terapéutico EMDR de forma apropiada — un elemento importante que podría ser la diferencia entre una terapia rápida y exitosa y una que no lo es.

Desafortunadamente, la mayoría de los terapeutas EMDR

no reciben entrenamiento más allá del primer nivel. Mi recomendación es no ver a un terapeuta que no haya terminado el segundo nivel o posterior de entrenamiento en el método EMDR. El primer nivel está lejos de ser suficiente.

Recomiendo ver a un terapeuta:

1. que sea un terapeuta EMDR certificado
2. que haya terminado el segundo nivel de entrenamiento y haya tomado parte de forma regular de las sesiones de supervisión en EMDR.

Siendo una de las personas que se dedicó a realizar las entrevistas para decidir a quién contratar como terapeuta EMDR en mi red de clínicas, me he encontrado y he hablado con cientos de ellos. Lamentablemente, a menudo encuentro terapeutas que completaron el nivel 1 y se detuvieron ahí (y a veces sin mucha práctica aplicando el método), o terapeutas que han dejado de ir a las sesiones de supervisión, de manera que ellos dependen de su memoria de largo plazo para saber cómo aplicar el método. La conexión entre ellos y el EMDR es a menudo puramente una coincidencia.

¡No pase por alto los siguientes puntos! Puede ser la diferencia entre los resultados extremadamente efectivos, descritos en el libro, y una terapia mucho más prolongada y menos efectiva.

Pregúntele a su terapeuta:

1. ¿Cuántos niveles de entrenamiento EMDR completó usted? (elija a los terapeutas que tienen nivel 2 o más cursos avanzados).
2. ¿Usted puede usar y usa el EMDR como psicoterapia o solamente como técnica? (elija a los que la usan como psicoterapia).
3. ¿Usted puede usar y usa el EMDR como única modalidad de terapia? (elija a los que la usan como única modalidad de terapia).
4. ¿Cuántas horas de EMDR usted practica por mes? (elija a los que practican más de 10 horas por mes).
5. ¿Cuántas sesiones de supervisión ha realizado después de que terminó su entrenamiento básico? (elija a los que

hicieron al menos 10 sesiones de supervisión EMDR en el último año).

El EMDR es una psicoterapia, no una técnica. Un terapeuta que la considera una técnica se pierde una gran parte de la manera en la que usted puede recibir ayuda por medio de EMDR. **Un terapeuta que no cumple con los criterios de velocidad y no se mantiene actualizado con respecto a sus habilidades en la aplicación de EMDR está lejos de poder ayudarlo de la mejor manera posible.**

Apéndice E:

Primeros auxilios en caso de emergencia

¿Qué nos ocurre?

- Nuestro cuerpo tiene varios mecanismos para restablecer nuestra salud — sea por una necesidad física, como un corte o una fractura que se repara a sí misma con el paso del tiempo, o por una necesidad psicológica que nuestro cerebro trata de procesar en el momento, mientras estamos despiertos, e incluso mientras dormimos, mediante el sueño.
- Cuando tenemos que afrontar un episodio o una situación abrumadora y no estamos plenamente fuertes (ya sea por estados de debilidad, como fatiga o enfermedad, o por desprotección en una edad temprana), nuestro cerebro no puede procesar el evento en tiempo real.
- Como resultado, la memoria del evento se almacena en el cerebro en su forma "en bruto" (su forma no procesada) con los pensamientos, sentimientos, sensaciones corporales, imágenes, sonidos y aromas del evento.
- Esto significa que cualquier estímulo externo en el presente que active la memoria del evento, hace que este evento sea re-experimentado en su forma "en bruto". Por lo tanto, las mismas emociones del pasado son revividas, con una intensidad desproporcionada.
- Nos podemos sentir de la siguiente manera:
  - más irritables.
  - más tristes / más sensibles
  - agotados (física o mentalmente)
  - más ansiosos (queriendo evitar cosas que no evitamos en el pasado)
- Podríamos experimentar flashbacks — partes del evento (imágenes, olores, sensaciones) que resurgen involuntariamente cuando estamos soñando o cuando estamos despiertos.

Algunas malas noticias (pero no se preocupe, luego vendrán las buenas noticias)

- Las memorias que no se procesaron adecuadamente permanecen en nuestro cerebro en su forma "en bruto", separadas de las memorias que fueron procesadas correctamente que pueden haber ocurrido antes o después, y que no cambiarán, incluso después de nueva información.

- Un ejemplo es el TEPT — una puerta que se cierra puede sonar como un disparo de arma de fuego, y llevar a la persona de vuelta al campo de batalla. Aun cuando nuevas experiencias han sido agregadas a la red de memoria general, y aunque estemos plenamente conscientes que muchos años han pasado desde que ocurrió la batalla, el contenido en bruto todavía permanece allí y en el minuto en que es activado, nos lleva de regreso al evento, y, por ende, a las mismas sensaciones que causó en nosotros en aquel momento.

- Del mismo modo, podemos sentir sensaciones muy intensas de peligro para nosotros o para nuestros seres queridos, aun cuando sabemos cognitivamente que estamos a salvo y que la intensidad no está justificada.

Tenga cuidado con los mitos

- **"Es suficiente con dar información de que el peligro ha pasado y de que el sentimiento desaparecerá".** El conocimiento y la razón no tienen efecto sobre la sensación de peligro. Una persona que sufre de TEPT sabe que la guerra en la que participó ya terminó, pero las visiones y las señales, cuando son activadas, reaparecen en su forma "en bruto". Esto se debe a que el conocimiento y la razón pertenecen a la red de memoria general y el contenido de las experiencias de guerra está almacenado de forma separada. Las dos partes no son accesibles entre sí.

- **"Se necesita más tiempo".** Cuando nos referimos al material almacenado en nuestra memoria en su forma en bruto, no importa cuánto tiempo ha pasado. La realidad es que el material que no es procesado apropiadamente en tiempo real, puede acompañarnos por muchos años, como si se experimentara por primera vez o como si hubiera ocurrido ayer.

- **"Un evento traumático puede dar forma y fortalecer nuestra personalidad"**. Esto no es necesariamente verdad. Las memorias almacenadas en bruto que pueden reaparecer por un estímulo en el presente no nos dan forma sino que nos debilitan. Además, el daño psicológico que tiene lugar en los eventos subsiguientes nos recuerda que el evento original sigue siendo capaz de afectarnos.

Ahora, las buenas noticias...

Prevención y primeros auxilios

Hay cosas que se pueden hacer inmediatamente después de una experiencia difícil, para ayudar a nuestra memoria a procesar los eventos apropiadamente, y reducir el peligro de que quede almacenada en una "cápsula" separada de nuestro cerebro.

- Permita a su cuerpo saber que el peligro ha pasado y que puede relajarse, practicando hábitos saludables respecto de la alimentación y el descanso, tanto como los deportes y la actividad física. De lo contrario, el cuerpo siente que aún está en un estado de emergencia. Está tenso y aún actúa como si estuviera ante un peligro, por lo tanto, esto podría crear una situación en la que no disponemos de recursos suficientes para procesar como es debido los eventos que causaron nuestro malestar.
- Reduzca el consumo de sustancias inductoras de ansiedad (nicotina, cafeína — café, té, bebidas cola, alcohol, drogas).
- No oculte la experiencia traumática, sino que busque fuentes de sostén.
- Asegúrese una correcta atribución de responsabilidad — culpabilizarse incrementa la ansiedad e interfiere con nuestra habilidad de lidiar con, y superar, el disturbio.

Tratamiento

- La ciencia ha progresado en los años recientes hasta el punto de que hoy hay métodos innovadores para tratar el trauma que no se reducen a prestar un oído atento, proveer conciencia y dar herramientas, sino que nos permiten procesar nuestras memorias en bruto que no fueron manejadas adecuadamente en tiempo real, pero que pueden ser resueltas en un corto período de tiempo.

- Usted ahora puede procesar sus memorias de un episodio traumático único con EMDR, un método de tratamiento diseñado para ayudar con los temas relacionados al trauma dentro de un promedio de hasta 4-5 horas (para el 80% de los casos).

- Para los casos de traumas múltiples, se requiere un plan de trabajo sistemático, usualmente en orden cronológico.

- El tratamiento puede mostrar resultados en horas que pueden ser desarrolladas en forma continuada, o un día tras otro.

- Después del procesamiento, el evento no se activa más en su forma en bruto como ocurría en el pasado, aun cuando se trate de un trauma serio como un ataque, un desastre natural, un accidente, o el ser testigo de una muerte o de un daño.

- El dolor es una situación única, que es difícil de procesar y de superar, sin embargo, podemos reducir el dolor de una manera significativa.

Apéndice F

¿Cómo saber si uno está recibiendo una terapia adecuada?

Usted ya ha decidido hacer terapia, ha elegido un terapeuta. Pasa el tiempo, tal vez algunos meses, y ya tuvo unas cuantas sesiones. Surge la siguiente pregunta: ¿Cómo sé si la terapia está funcionando?

Me gustaría ofrecer unos pocos criterios para ponderar la situación. Lo dividiré en dos partes: dentro de la sesión y fuera de la sesión.

Dentro de la sesión terapéutica:

- Confianza en la habilidad del terapeuta de que puede ayudarle.
- ¿El terapeuta muestra empatía?
- ¿Hay una sensación de apertura y confianza?
- La sensación de que si hay un desacuerdo o incluso un insulto, el episodio puede ser superado.

Fuera de la sesión terapéutica:

Aquí el criterio depende de las razones por las cuales usted recurrió a la terapia.

Debilitamiento o desaparición de los síntomas como: menores brotes de ira, menos pesadillas, menor complejo de inferioridad, menos ansiedad, o un aumento de:

- Esperanza
- Autoestima — un sentimiento de mayor capacidad personal.
- Una comprensión de su ser y del entorno alrededor suyo.
- Un mejor uso de las herramientas que le permiten mejorar su vida cotidiana.
- Mejora en las funciones de la vida: empleo, relaciones interpersonales, relaciones familiares, encontrar sentido a la vida y más.
- Cambio positivo en el enfoque de la realidad.

Si usted duda acerca de si está recibiendo el tratamiento correcto, es importante estudiar las razones por las cuales inició el tratamiento y revisar cómo el tratamiento está actuando sobre esas razones. Asegúrese de que usted no está juzgando la terapia por medio de un criterio que no es relevante. Los errores más comunes en este contexto son:

- La profundidad de la conexión con el terapeuta. Como escribí antes, la relación con el terapeuta es un medio, no un fin. Confianza, confort, seguridad en el consultorio son todos muy importantes para un tratamiento con éxito, pero los fines no deben desviarse. El propósito central debería ser la mejora fuera del contexto de la sesión.

- Profundidad de autoconciencia. El nivel de auto-comprensión que el cliente adquiere respecto de la fuente de su sufrimiento y los patrones de comportamiento problemático es sólo el primer paso. La conciencia usualmente no alcanza para iniciar el cambio; el cliente necesita adquirir la capacidad de cambiar también. Esta capacidad se construye mediante dos procesos:

  1. Removiendo las trabas — las memorias de las eventos traumáticos que tienden a seguir persiguiéndonos y afectan negativamente nuestro comportamiento presente. La mejor manera que conozco de procesar las memorias perturbadoras es utilizando el método terapéutico EMDR.

  2. Proporcionando nuevas herramientas (para pensar, para analizar las situaciones, para sobrellevar los problemas y para procesar las emociones) y promoviendo la adquisición de nuevas experiencias.

Apéndice G

Creencias negativas y Creencias positivas

Creencias negativas	Creencias positivas
No soy lo suficientemente bueno	Soy lo suficientemente bueno de la manera que soy
No soy lo suficientemente inteligente	Soy inteligente
No valgo nada	Soy valioso
Soy un perdedor	Soy un ganador
No soy querible	Soy querible
No tengo arreglo	Puedo mejorar
Soy un idiota	Soy inteligente
No cuento, soy insignificante	Soy importante
Hay algo malo dentro de mí	Soy saludable, estoy en paz conmigo y puedo manejar las cosas
Soy feo, repulsive	Soy lindo, atractivo, me gusta cómo soy
Es mi culpa, soy culpable	Soy inocente, puedo perdonarme
Debería haber hecho algo más	Hice lo mejor que pude
Soy una mala persona	Soy una buena persona
Siento vergüenza de mí mismo	Tengo auto-respeto, merezco respeto
Merezco cosas malas	Merezco cosas buenas
No puedo confiar en mi juicio	Puedo confiar en mi juicio
Hay algo malo en mí	Estoy bien así como soy
Merezco morir	Merezco vivir
Merezco ser miserable	Merezco ser feliz
Nunca cambiaré	Puedo aprender del pasado y mejorar
El mundo es fundamentalmente malo	El mundo es bueno/neutral
Soy fundamentalmente malo	Hay cosas buenas y malas dentro de mí

Tengo por delante un futuro terrible	Tengo un gran futuro por delante, puedo influir sobre mi futuro
Estoy en peligro, me siento inseguro	Me siento seguro y protegido
Soy frágil y vulnerable	Soy fuerte
Me voy a morir	He sobrevivido
No hay nada por lo cual vivir	Puedo encontrar aquello por lo cual vivir
No puedo manejarlo	Puedo manejarlo
No estoy en control	Estoy en control
No tengo ayuda	Tengo opciones
Soy débil	Soy fuerte
No me puedo valer por mí mismo	Me puedo valer por mí mismo
Tengo que ser perfecto y satisfacer la demanda de los demás	Puedo ser yo mismo

Mensaje personal del autor

Si usted ha realizado terapia EMDR, ya sabe cómo puede llegar a cambiarle la vida en un corto período de tiempo.

Quiero que usted sea una parte activa de la Revolución EMDR. Mire alrededor de usted — hay demasiado sufrimiento innecesario y potencial desperdiciado en nuestro mundo — usted puede hacer saber a la gente que conoce cómo puede mejorar su vida con EMDR.

Estaré muy agradecida si usted decide enviar su historia personal de su experiencia con EMDR (puede omitir datos personales, si así lo prefiere) al sitio del libro: www.theemdrrevolution.com a mi dirección de correo electrónico personal: tal@emdrexperts.com o a la dirección de correo electrónico de María en España maria@jaure.net

Algunas historias previamente seleccionadas serán publicadas, incluso en mis próximos libros, lo cual ayudará a difundir el mensaje.

Muchas gracias,
Tal Croitoru

Made in the USA
Middletown, DE
10 November 2022

14641960R00087